Steffi Memmert-Lunau

Glücksorte auf Madeira

Fahr hin & werd glücklich

AF638240

Dieses

Glücksbuch

ist für

Liebe Glücksuchende,

willkommen auf Madeira – der magischen Insel. Mit ihrem starken Licht und ihrer Farbenvielfalt, der salzigen Luft vom Atlantik, leuchtend blühenden Bäumen und überbordenden Gärten wartet sie darauf, entdeckt zu werden. Hier reihen sich nicht nur Glücksorte, sondern regelrechte Glücksstrecken aneinander, Wanderrouten entlang der Levadas, wo Lebensfreude in jedem Augenblick heranflutet. Dazu der Pulsschlag der Brandung an der Steilküste im Norden, die Blütenfülle der Parks und Gärten, prickelnde Luft in geheimnisvollen Lorbeerwäldern, traditionelle Dörfer, in denen gern gefeiert wird, eine alte und besondere Weinkultur und eine bodenständige Küche. Es gibt so viel Naturschönheit, Abwechslung und Vielfalt, dass man sich kaum sattsehen kann. Seit ich vor vielen Jahren zum ersten Mal auf die Insel kam, hat sie mich nicht mehr losgelassen. Ich habe die Gärten zu ihrer besten Blütezeit entdeckt und bin Hunderte Kilometer entlang der Levadas gewandert, habe Dutzende Bolos de caco probiert und die Aussicht von den Picos bei jedem Wetter genossen. Immer bin ich freundlichen und hilfsbereiten Menschen begegnet. Auf Madeira scheint das Glück überall zu Hause zu sein und wird großzügig mit den Gästen geteilt. Probieren Sie es aus. *Bem-vindo!*

Ihre Steffi Memmert-Lunau

GLÜCK

Deine Glücksorte ...

... noch mehr Glück für dich

Bucht für Glückskinder

1 Auf der Promenade von Câmara de Lobos

Alles, was Madeira so zauberhaft macht, findet man in der Bucht von Câmara de Lobos in vollkommener Harmonie: glitzerndes Meer, steile Felsen, Palmen und Schwanenhalsagaven, bunte Boote, entspannte Stimmung in den Hafenbars und Blüten über Blüten – zu jeder Jahreszeit. Aber auch Spuren harter Arbeit, die von jeher zu Madeira gehört.

Die Bucht wird von zerklüfteten Felsen eingerahmt, im Westen ragt die Steilklippe des Cabo Girão empor. Alles leuchtet: dunkelblau das Wasser, violettbraun das Lavagestein der Felsen mit Schichten von grellem Ocker, lachsrot und rosa die Bougainvilleen, die wie glühende Hügel die Mauern überwachsen. Die Farben sind von einer Intensität und Klarheit, die es nur auf Madeira zu geben scheint. Diese Intensität wirkt nach innen und setzt verborgene Glückskräfte frei. Kein Wunder, dass Menschen innehalten, um einfach nur zu schauen, und dass sie manchmal von einem Impuls erfasst werden, der Schönes hervorbringt – wie einst der britische Staatsmann Winston Churchill. Der tauschte kurz entschlossen seine Regierungsgeschäfte gegen eine Staffelei, um hier zu malen. Die Fischerboote, die Winston Churchill so gefielen, liegen tagsüber am Strand. Die Fischer fahren nachts aufs Meer hinaus, wenn die Schwarzen Degenfische aus der Tiefe auf 800 Meter heraufsteigen, und fangen sie mit Langleinen. Tagsüber gehört die Bucht den Stand-up-Paddlern und Bodyboardern, während die Fischer sich ausruhen und in den Hafenkneipen Karten spielen oder etwas an ihren Booten reparieren, die bunt in der Sonne liegen.

Man kann von Funchal aus zu Fuß hergelangen. Am Strand Praia Formosa beginnt die Promenade von Câmara de Lobos, ausgelegt wie ein roter Teppich, mit kulturhistorischen Erklärungen an den schönsten Aussichtspunkten entlang der Küste. Man schaut und wünscht sich, das Dasein möge immer so farbenfroh, friedvoll und sonnenbeschienen sein wie in diesem Augenblick.

TIPP

Das Glück wird perfekt bei köstlichen Fischgerichten im Restaurant Gavião do Ilhéu am Anfang der Fußgängerzone.

- Promenade da Praia Formosa, 9300-021 Câmara de Lobos
- ÖPNV: Bus 01, Haltestelle Ponta da Laranjeira

Offene Türen

2 Street-Art in Funchal – die Rua de Santa Maria

Hin und her, von rechts nach links, vor und zurück: Wenn man vormittags durch die bunteste Straße von Funchal flaniert, ist man ungestört und kann die kunstvollen Türen in aller Ruhe betrachten. Da steht Grelles neben Düsterem, van Gogh neben Comics, Verträumtes neben Pathos, Zeitgeist neben Märchen. Alles wirkt hintersinnig, dekorativ und ein klein wenig verrückt. Wer aufmerksam hinschaut, sieht auch, wie die Kunstschaffenden auf die Oberflächen der Häuser reagiert haben, auch wenn die Spuren einstiger Verwitterung heute kaum noch wahrnehmbar sind. Spätestens am Platz vor der Capela do Corpo Santo, wo das Morgenlicht Palmen und weiße Häuser zum Leuchten bringt, spürt man das Glück. In der Rua de Santa Maria ist ein kleines Wunder geschehen. Das Viertel war früher ein verlorener Ort, dem Verfall preisgegeben, die Funchaler mieden die Gegend. Street-Art sollte die alten Häuser in kleinen Schritten wieder beleben. Zunächst kamen die Türen an die Reihe: „Arte de Portas Abertas“, Kunst der offenen Türen, nannten die Initiatoren das Projekt, das von der Stadt gefördert wurde und hundert auf Madeira lebende Künstler einbezog. Sie gestalteten genau 100 Türen in der Rua de Santa Maria und den umliegenden Straßen. Im April 2011 entstand die erste gemalte Tür, und die Bewohner überdachten ihre zunächst skeptische Haltung, denn die Türen hoben die authentische Schönheit des alten Viertels hervor. Nach und nach wurden die kleinen Häuser saniert. Heute flanieren Touristinnen wie Einheimische durch die Rua de Santa Maria und ihre Nebenstraßen. Am Abend ist die Atmosphäre rings um die Kapelle do Corpo Santo besonders lebendig. Das Viertel der Fischer und Handwerker ist zum beliebten Ausgehviertel geworden. Einen Nachteil hat das Projekt allerdings: Wenn die Türen abends geöffnet sind, sieht man sie nicht. Doch dann strömen Menschen durch die Straße, die Wirte stellen Tische bereit, DJs bespielen die Bars und das Leben hat seinen eigenen Zauber.

TIPP

Die Tasca Literária ist ein tolles Lokal, das sich für Kultur in der Rua de Santa Maria engagiert.

- Rua de Santa Maria, nahe Capela do Corpo Santo, Largo do Corpo Santo, 9060-291 Funchal
  www.arteportasabertas.com
- ÖPNV: Bus 40, Bus 80, Haltestelle Rua Bela São Tiago

DONA JOANA RABO-DE-PEIXE
TASCA
LITERÁRIA
SINCE 2010
77
MARCOS MILEWSKI

Reise in die Urzeit

3 Die Palmfarne im Botanischen Garten von Funchal

Zugegeben, es hängt ein wenig vom Wetter und von der Jahreszeit ab, ob man den Botanischen Garten in Blütenfülle erlebt oder eher karg. Aber man darf es den Strelitzien nicht übel nehmen, dass sie nicht das ganze Jahr durchblühen. Hat man das einstige Herrenhaus der Blandys hinter sich gelassen und sich auf dem steilen Gelände ein wenig abwärtsbewegt, stößt man auf das Wahrzeichen des Gartens, das riesige Intarsienbeet mit Blattpflanzen in den Kontrastfarben Neongrün und Purpurrot. Blumen gucken war mal: Zu Mustern angeordnet, aufwendig gärtnerisch betreut und „in Schach gehalten", ist dies für viele das wichtigste Fotomotiv des Gartens. Als Nächstes gelangen wir zu den Sukkulenten. Die ragen wehrhaft, extravagant und dramatisch auf dem steilen Gelände in die Höhe.

Es ist schon so, Madeira gilt als Blumeninsel, auch wenn man sich neuerdings vom Klischee löst, sensible heimische Pflanzen stärker wertschätzt und die Vielfalt der Insel betont. Jedenfalls sind die Pflanzensammlungen, die im 19. Jahrhundert von englischen Landbesitzern hier angelegt wurden, phänomenal. Pflanzeneinfuhr und -handel war ein profitabler Geschäftszweig, und was heute die Gartenabteilungen der Baumärkte füllt, wurde im 19. Jahrhundert auf gewagte Weise den Herkunftsländern entnommen und im milden Klima Madeiras heimisch gemacht.

TIPP

Der Orchideenzüchter Professor Schön erzählt bei seinen Führungen unvergessliche Pflanzengeschichten.

Inzwischen sind wir im Zauberreich der Palmfarne im unteren Bereich des Gartens angelangt. Sie waren einst ebenso Spekulationsobjekte wie die Tulpen in Holland. Ausschließlich in tropischen Wäldern beheimatet, sind die Farne Überbleibsel der Urzeit, an solchen Pflanzen spazierten bereits die Dinosaurier vorbei. Doch Saurier oder nicht – die Palmfarne sind großartig! Da steckt Symmetrie in jedem Bauteil, wie man das so von Bäumen nicht kennt. Die Palmfarne gedeihen hier gut, sie mögen die Feuchtigkeit, die Wärme und auch den schroff-felsigen Untergrund, in dem sie sich verankern und auf rätselhafte Weise die Balance halten.

● Jardim Botânico da Madeira, Caminho do Meio, 9060-345 Funchal
https://ifcn.madeira.gov.pt
● ÖPNV: Bus 29, Bus 31, Bus 31A, Haltestelle Jardim Botânico

Fabelhafte Früchte

4

Durch die Markthalle in Funchal bummeln

Diese Farben! Knalliges Rot und Orange, dazwischen grasgrün die schmackhaften Zapfen der Monstera. Die Cherimoya-Früchte, grün und schuppig, etwa apfelgroß, neben Kaktusfeigen und aufgetürmten Pitangas, Guaven und Physalis, exotischen Früchten, die eher Kunsthandwerk als Nahrungsmitteln ähneln. Ganze Gardinen aus Chilischoten rahmen die Marktstände ein. Man kommt aus dem Staunen nicht heraus angesichts dieser essbaren Kostbarkeiten. Doch erst mal einen schnellen Blick auf die Fliesen, die den Haupteingang schmücken: Szenen aus dem Landleben. Frauen balancieren Blumenkörbe auf dem Kopf, Männer tragen Lasten auf dem Rücken. Die Feldarbeit hat es auch heute noch in sich. Die exotischen Früchte reifen in den Gärten und auf den Feldern der Insel, auch wenn sie aus tropischen Regionen stammen. Etwa die Anona da Madeira, auch Ananaserdbeere genannt; sie kommt aus Peru und schmeckt erfrischend, stark aromatisch. Ob man sich für alte Bekannte wie Ananas oder Mango entscheidet oder sich von pflaumenblauen Passionsfrüchten verlocken lässt – ein Marktbesuch ist ein Fest für alle Sinne. Vielleicht auch mal ein Stück Zuckerrohr kosten? Auf dem Bauern- oder Erzeugermarkt ist zu finden, was das Klima der Insel hergibt: Grundnahrungsmittel wie Süßkartoffeln, Bohnen oder Bananen, Luxusprodukte wie die exotischen Früchte und Blumen über Blumen. Besonders schön: Gemüse und Früchte werden nachhaltig in geflochtenen Weidenkörben präsentiert und nicht in Plastikwannen oder -schalen, wie es auf südlichen Märkten oft der Fall ist.

TIPP
Im Supermarkt Pingo Doce gegenüber findet man zahlreiche lokale Produkte für den täglichen Bedarf.

Sehenswert ist die Fischhalle, in die man mit respektvollem Abstand von oben hineinschauen kann. Da liegt fangfrisch die lokale Berühmtheit: Espada, der Schwarze Degenfisch, der auf Madeira gern in Panade und mit Bananen serviert wird. Er schmeckt köstlicher, als er aussieht, und gilt als authentisch, während Doraden längst Allerweltsfische sind und in Fischfarmen vor der Küste gezüchtet werden.

- Mercado dos Lavradores, Rua Brigadeiro Oudinot, 9060-158 Funchal https://mercados.funchal.pt
- ÖPNV: Bus 7, Bus 19, Bus 22, Bus 26 u. a., Haltestelle Praça Autonomia

MARACUJA

Oase der Wanderlust

5

Das Hotel Quinta do Furão in Santana

Auf einem Felsplateau hoch über der Nordküste, am Ortsrand von Santana, liegt das Hotel mit dem Wiesel im Logo. Hier ist alles vorhanden, was einen Urlaub unvergesslich macht. Weinreben gedeihen neben Palmen. Kakteen und Aloe dekorieren die bizarren Felsen der Steilküste und vom Atlantik, der unten brandet, weht frische, heilkräftige Luft heran. Morgens hüllt sich die Küstenlinie in silbrigen Dunst, doch schaut man nach Süden, zeichnet sich scharf die Gebirgskette des Zentralmassivs mit seiner aufregenden Zackenlinie ab und lockt mit Wanderfreuden. Es gibt hier so viele Möglichkeiten! Aber nur nicht nervös machen lassen. Im Garten zu chillen und diese Luft zu atmen ist auch schon Glück.

Rund um Santana liegt ein wunderbares Wandergebiet, und die Quinta do Furão sieht sich als Vorreiterin seiner Erschließung. Landschaftliche Schönheit trifft hier auf Tradition und Herzlichkeit. Herzlich und wieselflink sind die Fahrer des Shuttlebus-Services, die die Wanderfans zu ihren Ausgangspunkten bringen und wieder abholen. Die Freude, wenn man, müde vom Wandern, in das bequeme Fahrzeug mit dem Wiesel einsteigt, ist Teil des Konzepts. Anschließend genießt man wieder die Vorzüge des Hotels, zu denen auch eine hervorragende Küche zählt.

TIPP

Täglich werden Kurse mit regionalem Schwerpunkt angeboten, zum Beispiel Poncha-Mixen.

Das Restaurant liegt in einem Nebengebäude mit Blick auf die Steilküste und bietet eine atemberaubende Aussicht, aber man soll sich ja aufs Essen konzentrieren. Das schmeckt besonders gut, weil die lokalen Spezialitäten mit aromatischen Saucen und Dips angereichert sind. Egal ob Degenfisch mit Banane oder gegrillte Fleischspieße, geröstete Polentawürfel oder Süßkartoffeln mit Zuckerrohrbutter, hier wird alles fein mit Kräutern aus dem Hausgarten abgeschmeckt. Während es dunkel wird über der Steilküste, kehrt Gemütlichkeit ein. Man schläft erholsam, und am Morgen gibt es ein großartiges Frühstück mit frischen Beeren und purer Freude auf den Tag.

● Quinta do Furão, Estrada da Quinta do Furão 6, 9230-082 Santana,
Tel. +3 51 (2 91) 57 01 00, www.quintadofurao.com

Auf dem Drachenrücken

6 Von der Casa do Sardinha zur Ostspitze wandern

Gleich sind wir da, wo es nicht mehr weitergeht: am Morro do Furado, dem östlichsten Berg Madeiras. Allein mit dem Wind, den zerklüfteten Felsen und dem Meer, das unten brandet. Nur ein steiler Grat führt über das Kap der Ponta de São Lourenço. Er wirkt wie das Rückgrat eines Drachen, dessen Schwanzspitze im Wasser endet. Hier oben, auf dem 160 Meter hohen Aussichtspunkt über dem Meer, blickt man in die Ferne und in die Tiefe. Das ist der Moment, sich der Überwältigung des Augenblicks zu überlassen. Es ist toll hier, die Alltagssorgen sind weit weg, alles relativiert sich. So weit man sehen kann, kein Baum, kein Strauch, nur Felsen und der Atlantik, wenige Agaven und Natternköpfe finden Halt im Sandstein. Weil es keine Bäume gibt, wirkt die Welt urzeitlich leer, und die bizarren Felsen erlauben Einblicke in die Rätsel der Erdgeschichte: Hier stapeln sich die ältesten Gesteinsschichten der Insel.

Doch wer in der Urzeit allein sein möchte, muss früh aufbrechen. Nach zehn Uhr füllt sich der Wanderparkplatz am Startpunkt Baía d'Abra, und um die Mittagszeit herrscht Andrang. Die Ponta de São Lourenço ist ein beliebtes Ausflugsziel auf Madeira, auch weil es hier selten regnet. Viele Trailrunner sind unterwegs, die den Weg in Bestzeit bewältigen, doch sollte man es beschaulich angehen und die Aussicht genießen. Die von Palmen umgebene Casa do Sardinha, 1905 als Ferienhaus gebaut, beherbergt heute die Verwaltung des Naturparks und einen Rastplatz. Hier beginnt auch der Weg auf die Spitze. Er ist mit Holzbohlen befestigt und mit Handläufen und Seilen gesichert, teilweise gestuft, aber die Kraft der Erosion arbeitet stetig dagegen. Feste Schuhe sind hilfreich. Oben angelangt, wird man mit einem schwindelerregenden Rundblick belohnt, der Glücksgefühle wie den Ozean unten schäumen lässt. Auf den Felsvorsprüngen rasten auffallend weiße Möwen, der Wind trägt sie – und die Welt scheint perfekt.

TIPP

Zur Abkühlung an der Praia das Sardinhas südlich der Casa ein Bad im kristallklaren Atlantik nehmen.

- Miradouro Ponta do Furado, 9200-044 Caniçal, Start ab Parkplatz Baia d'Abra an der ER109
- ÖPNV: Bus 113 ab Funchal, Haltestelle Baia d'Abra

Glückszahl Sieben

7 Begegnungen mit Cristiano Ronaldo

Fußball auf Madeira ist Leidenschaft pur, denn auf der bergigen Insel ist schon die Anlage eines Fußballfeldes alles andere als selbstverständlich. Dennoch liegen die Wurzeln des portugiesischen Fußballs ausgerechnet auf Madeira, nämlich auf einem Dorfplatz in der Gemeinde Camacha, wo im Sommer 1875 das erste regelkonforme Fußballmatch in Portugal ausgetragen wurde. Von da an nahm das Geschehen Tempo auf, und heute spielen zwei madeirische Teams in Portugals erster Liga. Vielleicht ist es also kein Zufall, dass Madeira den weltbesten Fußballer hervorgebracht hat: Cristiano Ronaldo mit der Startnummer Sieben. Der polarisierende Überheld der Insel bekam eine Büste am Flughafen sowie eine Bronzestatue am Hafen. Letztere steht vor dem Museum und Hotel CR7 und hat neben einer stolzen auch eine komische Seite. An der Statue am Hafen herrscht oft Trubel. „Stell dich mal neben Ronaldo!", sagen die Mamas und schieben ihre Sprösslinge vor, fürs Foto. Das Lächeln der Jungs wirkt oft etwas bemüht. Doch der weltbeste Fußballer ist auch nur ein Mensch, und womöglich entdeckt man genau hier seine sympathische Seite. Seine Mutter war eine Korbflechterin aus Camacha, heißt es. Er hat Fußball gespielt, seit er drei Jahre alt war, mit zwölf wechselte er von der Insel nach Lissabon. Viele auf Madeira nehmen Anteil an seinem Leben, und er scheut sich nicht, in den Alltag einzutauchen, wenn er, wie in Coronazeiten, mal zu Hause ist. Seine private Villa, in der Mutter und Schwester wohnen, steht unmittelbar am Hafenkreisel. Die Sieben ist seine Glückszahl; sieben Kinder wünscht er sich. Vielleicht ist er der derzeit reichste Madeirer, sein Wechsel zum saudi-arabischen Club Al-Nassr hat ihm allein dank der Signing Fee 100 Millionen Dollar eingebracht. Auf jeden Fall ist der mehrfache Weltfußballer und Rekordtorschütze ein Vorbild für die Kids auf Madeira, die von Fußballkarrieren träumen. Und es bringt Glück, über die bronzene Statue zu streichen. Manche Stellen sind schon ganz abgewetzt.

- Museu CR7 und Hotel Pestana CR7, Avenida Sá Carneiro 27, 9004-518 Funchal
  www.museucr7.com, www.pestanacr7.com
- ÖPNV: Bus 01, Bus 02, Bus 3, Bus 04, Haltestelle Parque STA Catarina

CR7
CRISTIANO RONALDO
NASCIDO NA MADEIRA
BORN IN MADEIRA
05 - 02 - 1985

Sattsehen und einkehren

8 Genuss in der Bar O Lagar Antiguidades

Die Landschaft ist so schön, dass man sich kaum sattsehen kann. Man spürt die Kraft des Wassers und der Erosion, die die steilen Berge geformt hat. Ein Felsen scheint direkt oberhalb der Bar emporzuwachsen. Die Ortschaft Fajã Escura liegt in einem Seitental etwas nördlich des Hauptortes Curral das Freiras und ist Endpunkt einer Wanderung über den steilen Gebirgskamm. Wer hier ankommt, hat so richtig Hunger, und die Fleischspieße des Senhor Gabriel genießen Kultstatus. Auf Madeira liebt man die Espetadas: Große Fleischstücke werden dafür auf Spieße gefädelt, die häufig aus Lorbeerzweigen bestehen. In der Bar O Lagar Antiguidades kann man zuschauen, wie die Grillspieße im Steinofen vor dem Haus brutzeln. Die Kunst ist es, die Ofenhitze zu beherrschen. Das Feuer prasselt und es braucht Intuition und Erfahrung, um die optimale Position zu finden, sodass die Hähnchenteile dunkel und knusprig werden, ohne zu verbrennen. Darauf gründet der Ruhm von Senhor Gabriel. Mit großem Ernst geht er seinem Tagwerk nach. Die Röstaromen tendieren ins Kraftvoll-Bittere, das Fleisch ist zart und saftig und besitzt ein beglückendes Aroma, das man von handelsüblichen Hähnchenteilen gar nicht kennt. Noch mehr Seltenes gibt es im Hofladen. In den unteren Regionen der Bergwelt rund ums Nonnental gedeihen Esskastanienwälder. Erzeugnisse aus Maronen sind ein kulinarisches Highlight, und wenn man das Sortiment im Hofladen der Bar anschaut, staunt man über die Vielfalt. Sie spricht für die Leidenschaft der Landwirte hier, nachhaltige, regionale und köstliche Spezialitäten zu erzeugen. Da gibt es Kastanienhonig und Kastanienmehl, Kuchen und viele Backwaren werden mit Maronen verfeinert, auch Suppen und Beilagen lassen sich daraus zubereiten.
Die Schönheit des Ortes, seine Abgeschiedenheit im Inselinneren und der Ernst, der vom Beherrscher des Feuers ausgeht, bleiben lange im Gedächtnis. Und der aromatische Blütenhonig aus dem Hofladen ist ein wunderbares Souvenir.

TIPP

Wer es aufregend mag, bucht eine Canyoning-Tour entlang des Ribeira do Cidrão ins Nonnental.

- Snack-Bar O Lagar Antiguidades, Estrada do Colmeal 59, 9030-325 Curral das Freiras, Tel. +3 51 (2 91) 71 25 20
- ÖPNV: Bus 81 ab Funchal, Haltestelle Fajã Escura-Final

Alles ganz gemütlich

9 Wanderung entlang der Levada bei Prazeres

Der Ort trägt das Glück im Namen: „Prazeres" heißt so viel wie Entzücken oder Freuden. Neben Wanderfreuden warten hier ländliche Ruhe und frische Bergluft, freundliche Menschen und ein überwältigend schönes Abendlicht. Das charmante Dorf auf 600 Metern Höhe ist ein idealer Einstieg in das weitläufige Wandergebiet im Südwesten der Insel. Unweit der hübschen Kirche, oberhalb der Bar Abrigo dos Prazeres in Richtung Fonte do Bispo, liegt der Zugang zu einer langen Levada, die zu den eher neueren im Wassernetz der Insel zählt und Calheta mit Ponta do Pargo verbindet. Sie ist 40 Kilometer lang und Prazeres liegt in der Mitte. Von hier geht es rechts nach Calheta und links in Richtung Ponta do Pargo an die Westspitze der Insel. Das ist unser Weg. Bald endet das Dorf und der Hochwald beginnt, Schmucklilien blühen blau oder weiß am steil abfallenden Wegrand, ab und zu blitzt in der Ferne das Meer.

TIPP

Im Hostel Casa de Chá in Prazeres macht der freundliche Wirt Felix Wallner ein gutes Frühstück und gibt Wandertipps.

Am Morgen ist die Luft noch kühl und man kann genussvoll atmen. Die Vögel zwitschern, Kiefern duften und blühende Gärten wechseln mit Einblicken in steile Schluchten, die uns nicht weiter stören, denn die Levada läuft wie eine Höhenlinie schön gleichmäßig am Berg entlang, unterquert kleine Dorfstraßen und führt durch authentische Weiler. Man sieht auch, wie die Levada als Wasserspender genutzt wird, wenn die Bauern einen Schieber öffnen und ihr Gießwasser herausströmen lassen. In den Dörfern Moinho und Raposeira weisen Schilder den Weg zu kleinen Bars. Geübte Wandernde haben vielleicht ein Picknick dabei, das an einem schönen Aussichtspunkt besonders mundet. Etwa nach 2 Stunden erreicht man Fajã da Ovelha. Hier kann man die Levada verlassen und etwas steiler hinab durch Weinberge und kleine Feldwege stapfen, um dem Meer und Paul do Mar näher zu kommen, doch ein Blick in die Schlucht, durch die sich die Straße windet, sagt, dass das nicht sein muss. Wir genießen einfach die Aussicht und gehen auf dem gleichen Weg bequem nach Prazeres zurück.

● Levada Prazeres–Raposeira, Start an der Estrada dos Prazeres oberhalb der Bar Abrigo dos Prazeres, 9370-605 Prazeres

Ruhige Aussichten

10 Der Parque de Santa Catarina in Funchal

So viel Licht, so viel Meeresglitzern und Blütenpracht! Vom Santa-Catarina-Park aus genießt man den Blick auf den Hafen wie von einem riesigen Balkon. Umgekehrt ist der Park die erste Begegnung mit Funchal, wenn man mit dem Schiff ankommt und von der Küstenstraße aus die mit Bougainvilleen gerahmte Treppe nach oben steigt. Auf dem Plateau kann man Kaffee trinken und sich sacht auf die Insel einstimmen, umgeben vom üppigen Grün exotischer Bäume und leuchtenden Blüten. Da sind Dattelpalmen und Drachenbäume, Korallenbäume, Agaven mit skulpturalem Wuchs und Bodendecker in Warnfarben, Knallorange und Fuchsienrot, ein Mix aus afrikanischer, brasilianischer und europäischer Gartenkultur. Rund um einen Teich mit Fontänen gedeihen die botanischen Wunder, die einst aus fernen Ländern eingeführt wurden und auf Madeira so gut Wurzeln schlugen. Der Park ist so groß wie fünf Fußballfelder, und Fußball wird hier auch gespielt: Nachmittags legen die Jungs ihre Schultaschen neben der Kapelle der heiligen Katharina ab und bolzen noch ein bisschen.

TIPP

Feiern gehen im Vespas, dem Club, der das Nachtleben erfunden hat (gegenüber dem Hotel CR7).

Die Stimmung hier ist familiär und entspannt. Menschen, paarweise oder im Schwarm, kleine und große Kinder, coole Jugendliche, Großfamilien und Mütter mit Kleinkindern genießen den Ort, sitzen auf Bänken, plaudern und schauen in den Tag. Wenn ein Schiffshorn dröhnt, flattern Tauben mit klatschenden Flügeln in die Höhe. An der Westseite des Parks liegt ein schöner Spielplatz, wo die Kleinen mit Blick auf den Atlantik schaukeln und rutschen können. Die Spielgeräte leuchten in Buntstiftfarben, ein rotes Sonnensegel beschattet den Platz. Hier erlebt man die ruhige Seite von Funchal – es sei denn, es gibt Anlass zum Feiern, dann füllt sich die Wiese mit Festzelten und ganz viel Deko.

Ist man bereit für neue Eindrücke, geht man am Kolumbusdenkmal vorbei zum Kreisel der Rotunda do Infante mit ihrem Springbrunnen und weiter auf der Avenida Arriaga in die quirlige Stadt.

- Parque de Santa Catarina, Avenida do Infante 18, 9000-015 Funchal
- ÖPNV: Bus 01, Bus 02, Bus 3, Bus 04, Haltestelle Parque STA Catarina

AIDAstella

Zum Wunder steil hinauf

11 Die Wallfahrtskirche in Monte

Dramatisch erhebt sich die Kirche mit den beiden Türmen auf dem Berg über Funchal. Der Innenraum mit prunkvollem Altar, von barocken Heiligen umgeben, birgt ein kleines Bildnis der Jungfrau Maria. Dank ihr gilt die Wallfahrtskirche Nossa Senhora do Monte als wundertätigste Kirche auf Madeira. Bekanntlich gibt es Momente im Leben, in denen man jegliche Anstrengung auf sich nimmt, um ein Wunder zu erwirken. Die Freitreppe mit ihren 68 Stufen zeigt, wie steil es dafür in der Gemeinde Monte nach oben geht. Zum Kirchenfest Mariä Himmelfahrt am 15. August wird der Weg rund um die Kirche aufwendig geschmückt, dann findet eine Prozession mit dem Bild der Jungfrau Maria statt.

Ein Wunder hätte auch der letzte Kaiser von Österreich-Ungarn, Karl I. aus der Dynastie Habsburg-Lothringen, nötig gehabt. Er trat die Thronfolge an, nachdem sein Großonkel, Kaiser Franz Joseph I., 1916 verstorben war. Nach Ausrufung der Republik musste Karl Wien verlassen und flüchtete mit seiner Familie über die Schweiz nach Madeira. Er akzeptierte jedoch nicht, dass er abdanken musste, und versuchte einige Male, zurückzukehren. Als der Habsburger sich die Unterbringung im noblen Hotel Reid's nicht mehr leisten konnte, blieb als Ausweg eine Quinta in Monte, die ihm die Familie Reid zur Verfügung stellte. Doch ein Wunder trat nicht ein. Im Gegenteil: Karl zog sich in der kühlen Bergluft eine Erkältung zu, an deren Folgen er letztlich verstarb. Seine Frau Zita blieb mit acht Kindern nahezu mittellos im Exil zurück. Heute befindet sich der Sarkophag von Karl I. in einer Grabkapelle auf der linken Seite des Kirchenschiffs. Das Denkmal an der Treppe wurde anlässlich seiner Seligsprechung 2004 geweiht. Unbedingt sollte man einmal hineinschauen in die Kirche, die Grabkapelle aufspüren, über Prunk und Glanz und eine Welt von gestern nachdenken. Und sich freuen, weder Kaiser noch Untertan zu sein.

- Igreja de Nossa Senhora do Monte, Rampa da Sacristia 1, 9050-285 Monte
www.pnsmonte.pt
- ÖPNV: Bus 20, Bus 21, Bus 56, Bus 103, Bus 138, Haltestelle QTA Monte

Leicht und frisch

12 Kleine Wanderung an der Forellenlevada

Es gibt Levadas mit gefährlichen Abschnitten, die beim Wandern Schwindelfreiheit und Wagemut fordern und beinahe in Richtung Extremsport führen. Und es gibt die kleine Forellenlevada bei Ribeiro Frio am Rand eines Naturparks mit dem Weltnaturerbe Lorbeerwald, die vom Wanderweg PR10 erschlossen wird. Hier findet sich alles, was man sich von einer Levada wünschen kann, bequem auf kleinem Raum. Zunächst einmal ist es frisch hier. Das Dörfchen Ribeiro Frio („Kalter Bach") liegt auf 860 Metern Höhe und ist bekannt für seine Forellenzucht. Die Sonne scheint selten in den Wald hinein, dafür kondensiert viel Feuchtigkeit an den Blättern der Bäume, die frisch glänzen und ein wenig tropfen. Es atmet sich gut in der würzigen Bergluft. Der Einstieg in die Levada befindet sich an der Straße ER103 in Höhe der Bushaltestelle. Dann geht man abwärts auf einem recht ebenen Weg, der sogar mit Kinderwagen bewältigt werden kann. Man schaut hier in die Urvegetation der Insel hinein, umgeben von altem Lorbeerwald und Grün in allen Schattierungen, das Platanen, Eichen, Moose und Farne hervorzaubern. Das kalte Bächlein fließt plätschernd im kühlen Talgrund im Gegensatz zum gezähmten Levadawasser. Dies ist eine Landschaft, die der Mensch geprägt hat, dennoch wirkt hier alles naturbelassen. Manchmal, wenn es geregnet hat, entstehen funkelnde Wasserfälle.

TIPP
Madeira Adventure Kingdom bietet hier Rafting, Canyoning, Wasserfallklettern oder Abseilen durch die Schlucht an.

Links lädt eine romantische Berghütte mit Holztischen zur Rast ein. Ab Mai blüht überall der Stolz Madeiras, die respektable Pflanze mit dem Namen Natternkopf. Häufig sieht man heimische Vögel wie den Madeira-Buchfink oder die Madeira-Lorbeertaube mit ihrem silberglänzenden Gefieder. Ein Abzweig führt zum Aussichtspunkt Balcões, der einen Blick über atemberaubende Schluchten bis zum Meer freigibt, wenn die Sicht gut ist. Nach dem kleinen Abstecher geht es über Stufen weiter hinab und zurück auf die Straße. Jetzt muss bloß noch jemand das Auto holen – oder man geht auf dem gleichen Weg zurück.

- Levada do Furado, Ribeiro Frio, Zugang über Wanderweg PR10 gegenüber von John's Poncha an der ER103
- ÖPNV: Bus 56, Bus 103, Bus 138, Haltestelle RIB Frio-Viveiro Trutas

Im Zeichen des Quirls

13 Frisch gemachte Poncha genießen

Wer bei Poncha an Punsch denkt, liegt nicht ganz falsch, auch wenn Punsch heiß getrunken wird, während Poncha immer schön kalt sein sollte. Als verbindendes Element kommt Süße ins Spiel, und so wird man daran erinnert, dass Madeira seinen Reichtum einst dem Anbau von Zuckerrohr verdankte. Zuckerrohr sieht man noch häufig auf den kleinen Feldern, es wirkt auf den ersten Blick wie Schilf, wächst aber kompakter und nicht so hoch. Das Nationalgetränk Poncha ist bei all seiner Berühmtheit kein Souvenir, das man seinen Lieben zu Hause mitbringen kann, und nichts für den Verlegenheitskauf am Flughafen, denn es sollte unbedingt frisch genossen werden und ist nur dann gut, wenn es unmittelbar vor den Augen der Gäste an der Bar angefertigt wird. Die Basis ist ein Brand aus frischem Zuckerrohr, der mit vollem Namen Aguardente de Cana-de-Açúcar heißt und den es nur auf Madeira gibt. Eine weitere Zutat ist Mel-de-Cana, eine sirupähnliche Melasse aus Zuckerrohr. Dazu kommt frisch gepresster Orangensaft, und dann heißt es: quirlen, quirlen, quirlen, bis die Handflächen glühen. In der Bar Tasca do Canzana in Santana bereitet Bruno beispielsweise Ponchas zu, die nach der Besteigung des Pico Ruivo einfach umwerfend sind. Bruno benutzt dazu einen Holzquirl, dessen genaue Bezeichnung er nicht preisgeben will.

Als Heimat der Poncha gilt Câmara de Lobos. Hier ist sie erfunden worden, weil die Fischer nach ihrer schweren Nachtarbeit erst mal runterkommen wollten. Zum anderen wuchs hier das Zuckerrohr, das für die Poncha unerlässlich ist. Heute baut man lieber Bananen auf den kleinen terrassierten Feldern an. In Câmara de Lobos reihen sich die Poncha-Bars aneinander, doch auch im ruhigen Landesinneren werden in den kleinen Bars vorzügliche Ponchas zubereitet. Leichtere Rezepturen enthalten mehr Orangensaft und weniger Aguardente. Mag der Gedanke an Punsch auch naheliegend sein, zuerst erinnert das leuchtend gelbe Getränk an die Sonne Madeiras.

- Poncha da Madeira, besonders gut in der Bar Tasca do Canzana, Avenida 25 de Maio, 9230-082 Santana
- ÖPNV: Bus 56, Bus 103, Bus 138, Haltestelle Centro Saúde Santana

Desde 1969
CORAL

Tiny Houses für Aufsteiger

14 Santanas bunte Dreieckshäuschen

Wer träumt nicht manchmal davon, sich räumlich zu verkleinern und in ein Tiny House zu ziehen, so klein, dass das Leben leicht und aufgeräumt scheint und man nur wenige Ressourcen verbraucht? Eine reale Anregung für diesen Wunsch bietet Santana. Gegenüber dem Rathaus befindet sich in einem hübschen Park eine Sammlung der berühmten Casinhas de Santana, die wegen ihres ungewöhnlichen Baustils zu einem Wahrzeichen des Ortes geworden sind. Sie spiegeln die einstige Abgeschiedenheit des Ortes wider, der lange Zeit weder über Land noch auf dem Seeweg gut zu erreichen war. Heute werden sie voller Stolz als kulturelle Besonderheit herausgeputzt. Sie haben die Form eines Dreiecks und sind bis zum Boden mit Stroh gedeckt – so trotzt das Dach dem Regen. Wie haben die Menschen hier gewohnt? Man kann mal hineinschauen, einige Türen sind immer offen und die Besichtigung kostet nichts. Es war gewiss eng, doch hatten die Bewohner immer eine starke Geometrie vor Augen. Vielleicht sind in solchen Häusern die Vermesser und Konstrukteure der Levadas aufgewachsen? Die ingenieurtechnischen Fähigkeiten, die beim Levadabau notwendig waren, kann man gar nicht genug würdigen.

Abgesehen von den kleinen Häusern in A-Form ist die Region Santana ein Wanderparadies. Von der UNESCO als Biosphärenreservat ausgezeichnet, wird sie von einem 120 Kilometer umfassenden Wanderwegenetz erschlossen, das durch die üppige Vegetation des Lorbeerwaldes führt. Naturliebhaber können hier ihren Wanderurlaub verbringen und finden immer neue Ziele, die häufig vom Wanderparkplatz Achada do Teixeira aus zu erreichen sind. Von dort führt auch ein Mountainbike-Trail zum Waldpark Pico das Pedras, eines der vielen sportlichen Angebote in der Region. Wer im Ort Santana spazieren geht, sieht noch einige Casinhas in den Gärten, die keine Museumshäuschen sind. Sie zeigen, wie stolz die Menschen hier sind, ein großes, weitläufiges Haus zu bewohnen.

TIPP

Im Themenpark von Santana werden die typischen Häuschen und Handwerkskünste familiengerecht präsentiert.

● Casas Típicas de Santana, Rua do Sacristão, 9230-082 Santana
● ÖPNV: Bus 56, Bus 103, Bus 138, Haltestelle Rua Santa Ana

POSTO
DE

Füße im Sand

15 Badevergnügen in Praia da Calheta

Salz auf der Haut, Sand zwischen den Zehen und endlose Weite: Für Sonnenanbeter ist es das ultimative Urlaubsglück, beim Baden im Meer weichen Sand unter den Füßen zu spüren. Madeiras Strände sind selten feinsandig und noch seltener hell oder gar weitläufig. Häufig sind bauliche Eingriffe nötig, um den Zugang zum verlockend blauen Ozean komfortabel zu gestalten. Wer auf Madeira kilometerlange Sandstrände vermisst, kann die Nachbarinsel Porto Santo besuchen, die tägliche Fährverbindung macht es möglich. So ist ein weitläufiger Sandstrand durchaus in einer Tagestour erreichbar, wenn es denn sein muss.

Wer Sehnsucht nach hellem Sand hat und nicht so lange unterwegs sein möchte, kann den berühmten Strand von Calheta ansteuern. Er ist der Stolz der Einheimischen. Man hat den Eindruck, sie arbeiteten mit aller Kraft der Meinung entgegen, es gäbe keine Strände auf ihrer Insel. So sind in den letzten Jahren in vielen Gemeinden an der Küste Bademöglichkeiten entstanden – denn wer Levadas bauen kann, kann auch Strände … Das sonnige Calheta an der Südwestküste bietet beste Voraussetzungen für einen Badeort. Der Strand besteht hier nicht aus schwarzem Kies, sondern aus hellem Sand, der aus Marokko importiert wurde. Er ist wertvoll und wird mit einer Art Klammer aus Steinen vor der Brandung geschützt. Hier entsteht schon mal der Eindruck, an einem anderen Meer zu sein: Heller Sand, glitzerndes Wasser, bunte Sonnenliegen, dekorative Palmen und der steile Fels im Rücken – an der Praia da Calheta kommt mediterranes Strandgefühl auf. Die Einheimischen lieben diese Badewelt, denn sie vermittelt freundliche Geborgenheit im Kontakt mit den Naturgewalten und ist mit einem Spielplatz für die Kinder und vielen Wassersportmöglichkeiten absolut familientauglich. Wer genug von der Sonne hat, setzt sich einfach an die Bar und genießt einen bunten Cocktail im Schatten.

● Praia da Calheta, Avenida Dom Manuel I, 9370-133 Estreito da Calheta

Weinselig in alten Mauern

16 Madeira von D'Oliveira probieren

Schlicht und ergreifend „Madeira“ heißt ein Wein, der lange Zeit in der Welt sehr berühmt war. Dass es nicht mit einem Wort getan ist, sondern Geschmacksnuancen, Traubensorten, Jahrgänge und schließlich auch Traditionen, Technologien und Legenden beachtet werden wollen, erfährt man staunend, wenn man sich zu einer Madeira-Weinprobe bei Pereira D'Oliveira entschließt. Das historische Weingeschäft liegt gleich hinter dem ehemaligen Jesuitenkolleg oberhalb des Rathausplatzes in der Rua dos Ferreiros. Hier gibt es weder Sprachbarrieren noch Berührungsängste – wer herkommt und sich hinsetzt, wird kostenlos und unverbindlich mit den Basisproben versorgt. Das Weinhaus D'Oliveira produziert Weine seit 1850; sein Geschäftsgeheimnis ist die Lagerung. Wer das Glück hat, die historischen Weinkeller zu besichtigen, sieht Fässer aus dem 19. Jahrhundert, deren Inhalt ganz außergewöhnliche Genusserlebnisse verspricht. Die legendäre Haltbarkeit des Madeiraweins wurde eher zufällig bei der zweimaligen Äquatorüberquerung eines Schiffes entdeckt. Der erhitzte und vom Seegang geschüttelte Wein war auf seiner Reise noch konzentrierter und aromatischer geworden. Um diese Eigenschaften auch ohne Äquator zu erzielen, wurde der Wein mit Alkohol angereichert, Aufspriten nennt man das Verfahren. So haltbar gemacht, avancierte das Produkt zum Lieblingswein in den einstigen britischen Kolonialgebieten.

Es hängt von der Traubenart ab, ob Madeira trocken, halbtrocken, halbsüß oder süß schmeckt. Wer an der Nordküste wandert, hat die Weinberge vielleicht schon entdeckt, auf denen die Reben gedeihen. Auf 490 Hektar Inselland wachsen die Traubensorten Sercial, Malvasia, Boal und Tinta Negra für die vier Hauptweinsorten, dazu Bastardo, Verdelho, Moscatel und Terrantez. Routiniert werden die Gläser nach aufsteigendem Süßegrad eingeschenkt. An manchen Tischen wird inzwischen kräftig degustiert, Seligkeit erfüllt den Raum. Die Geschichte vom Madeirawein ist, so scheint es, noch nicht auserzählt.

- Pereira D'Oliveira, Rua dos Ferreiros 107, 9000-082 Funchal, Tel. +3 51 (2 91) 22 07 84, www.doliveiras.pt
- ÖPNV: Bus 70, Haltestelle Palácio da Justiça; Bus 12, Bus 17, Bus 20, Haltestelle Tribunal

D'OLIVEIRAS
MADEIRA WINE
Aged 5 Years
MADEIRA
D'OLIVEIRAS
MADEIRA WINE
Aged 5 Years
MEDIUM SWEET
MADEIRA
MADEIRA WINE
MATURED IN OAK CASKS
D'Oliveiras
VINHO
MADEIRA
FUNCHAL

Kostbares Nass

17 Die Hochebene Paúl da Serra

Auf der Paúl da Serra kreuzen sich die Wege, und dennoch ist man hier für sich. Das liegt am rauen Wind auf der Hochebene und daran, dass oft wenig zu sehen ist. Die gelben Blüten des Stechginsters bedecken die Ebene, so weit das Auge reicht. Meist nicht ganz so weit, denn auf dem Inseldach ist es oft neblig. Doch der Stechginster hat sich in dichten Matten ausgebreitet, nachdem die Zedern und der Wacholder, die den ursprünglichen Bewuchs bildeten, abgeholzt wurden. Gefühlt blüht der Ginster im Frühling, Herbst und Winter, also fast immer. Und er stachelt auf Knöchelhöhe. Viele wären froh, ihn eindämmen zu können, doch er breitet sich aus, auch weil ihn die Kühe verschmähen. Die weiden hier oft sehr selbstständig und suchen bedächtig ihr Futter.

Wo aber ist das Glück? Es hat mit dem Wasser zu tun. Hier oben, auf einer Höhe von 1400 bis 1500 Metern, wird das Wasser aus den Wolken eingefangen und im porösen Boden gespeichert, bis es auf wasserundurchlässige Schichten stößt und als Quelle oder Wasserfall herausströmt. Wenn es lange und viel geregnet hat, hört man es schmatzen, und manchmal bilden sich in den Senken flache Seen. Keine Angst, versinken kann man hier nicht! Wohl aber stürzen, denn die Ränder fallen steil ab. Und weil es oft nass ist, sind auch die gut angelegten Wege mitunter rutschig. Bevor man eine Wanderung plant, sollte man sich über die Wetterbedingungen informieren. Im Osten erhebt sich der Berg Bica da Cana, am Nordrand ist der Pico Ruivo do Paúl mit 1639 Metern der höchste Punkt. Die beliebtesten Wandergebiete liegen im Westen, im Tal von Rabaçal, an den Levadas, die durch urwüchsige Wälder zu Quellen und Wasserfällen führen. Auf der Paúl da Serra sieht man zahlreiche Windräder, und an der ER209 liegt ein großes Aufforstungsgebiet, wo Baumheide, Lorbeerbäume und Blaubeersträucher wachsen sollen. Der Versuch, den ursprünglichen Lorbeerwald zu regenerieren, beweist, wie dringlich das Wasserproblem auch auf Madeira geworden ist.

● Paúl da Serra, Ribeira da Janela, Kreuzung ER110 und ER209

Über dem Nebelmeer

18

Aufstieg zum Pico Ruivo

Wer die Berge im Zentralmassiv einmal gesehen hat, wird sie nie wieder vergessen. Ihre Silhouette wirkt bizarr, zackig, mystisch, die Formenvielfalt scheint die Regeln der Schwerkraft zu sprengen. Als seien hier besondere Kräfte am Werk gewesen, und man wird bei aller Euphorie nachdenklich. Wie hält das alles bloß aufeinander? Der Pico Ruivo ist mit 1861 Metern der höchste Berg auf Madeira, aber eigentlich auch der zahmste, regelmäßig geformt, fast wie ein Schüttkegel. Und er ist einfach zu erklimmen. Föhneffekt heißt das Naturschauspiel, das auch an klaren Tagen Wolkenfetzen in den Bergkessel treibt. Die Picos verbergen sich gern, doch wenn die weiße Schicht aufreißt, ist das Glück vollkommen. Dann sind wir Wanderer über dem Nebelmeer und die Stimmung ist romantisch.

TIPP
Den Aufstieg einmal im Dunkeln mit Stirnlampe wagen und den Sonnenaufgang auf dem Gipfel erleben.

Man startet vom Wanderparkplatz Achada do Teixeira auf einem breiten, befestigten Weg. Der Aufstieg beginnt gleichmäßig und dauert etwa eine Stunde. Erst in Gipfelnähe wird der Pfad ein wenig steiler. Die Aussicht ist atemberaubend: Rechts schaut man in die Täler und dicht bewachsenen Schluchten von Caldeirão Verde und kann das Landschaftsrelief bis zur Nordküste erkennen. Blickt man zurück, sieht man das Kap der Ponta de São Lourenço im Osten. Und links zieht einen das Bergpanorama in den Bann. Bald gelangt man in eine Region mit ausgeblichenen Gerippen der Baumheide. Das Lavagestein ist zerklüftet und rau, optimal für Gebirgsfans. An der Berghütte Casa de Abrigo do Pico Ruivo kann man Rast machen, sie ist im Sommer häufig geöffnet. Von hier ist das letzte Stück Weg zum Gipfel gut einzusehen. Geschafft! Man erspäht im Osten das Nonnental und die Gipfel dahinter und schaut weit über den Inselnorden hinweg. Der Pico Ruivo, das sind bequeme Wege, viel Betrieb, aber dennoch das ultimative Berggefühl, dank der Weite und der wilden Felsformationen. Der Atem wird wieder regelmäßig, wir kommen zur Ruhe und spüren voll und ganz das Glück des Augenblicks.

● Pico Ruivo über Wanderweg PR1, Start am Parkplatz Achada do Teixeira am Mountain Spot Café, Estrada da Achada do Teixeira 1, 9230-097 Santana

Bodenständige Delikatessen

19 Die Taberna Madeira in Funchal

In Portugal nennt man Tapas „Petiscos", und im Gegensatz zu den spanischen Häppchen handelt es dabei sich nicht um Gabelbissen. Vielmehr sind es kleine Portionen normaler Gerichte, von denen man durchaus mehrere kombinieren kann. Gutes und landestypisches Essen wird auf Madeira überall geboten. Wenn es aber darum geht, in einer weltläufigen Atmosphäre kleine Köstlichkeiten zu probieren und in Aromen zu schwelgen, ohne die Urlaubskasse zu sprengen, ist man in der Taberna Madeira absolut am richtigen Ort. Ein paar Schritte abseits vom Trubel der Rua de Santa Maria liegt die Taberna mitten in der Altstadt. Elio Aguiar, der Inhaber, kommt an den Tisch und erkundigt sich gut gelaunt nach dem Befinden, erklärt die Gerichte und berät ganz individuell, schlägt auch den passenden Wein vor und gibt einem das Gefühl, dass man sich schon lange kennt. Seine Partnerin Ana Rita Macedo ist eine vielseitig begabte Architektin, die ihre Freude am Kochen und an der Gastfreundschaft in der Taberna auslebt. Sie sorgt für das besondere Ambiente, das dank der Matten aus Weidenrohr an den Wänden warm und traditionell wirkt, ohne folkloristisch zu sein. Überhaupt regt die pure und klare Gestaltung aller Details die Sinne an. Elio hat auf Kreuzfahrtschiffen gekocht und die Welt gesehen, bevor er sich in seiner Heimat niederließ. Gern unterhält er sich über Genuss und Lebensführung im Allgemeinen.

Es ist einzigartig, wie hier mit den lokalen Erzeugnissen gearbeitet wird. Ländliche Lieblingsspeisen werden ungewöhnlich appetitlich zubereitet und kombiniert, ob es knusprige Schweinsohren sind oder Muskelmagen, gebratene Leber in Rotwein oder geröstete Blutwurst. Auch der allgegenwärtige Degenfisch kommt nirgendwo sonst so zart auf den Tisch. Zum Einstieg schmecken die köstlichen Napfschnecken, die Lapas oder Limpets genannt werden. Jetzt noch ein Petisco mit Migas, Süßkartoffeln und Mangold – und man schwebt im siebten Himmel.

● Taberna Madeira, Travessa João Caetano 16, 9050-134 Funchal, +3 51 (2 91) 22 17 89
www.tabernamadeira.net
● ÖPNV: Bus 40, Bus 82, Haltestelle Rua Bela São Tiago

d'água
Água local
purificada
70cl

Viele Arten Glück

20 Durch São Vicente schlendern

Es war nicht immer so, dass man São Vicente von Funchal aus schnell erreichen konnte, und eine Art Weltferne spürt man hier nach wie vor. Der Ort gilt als der steilste und am weitesten verstreute auf den Berghängen, rundherum erinnert die Landschaft an Bali oder Peru. Eigentümlich gezackte Felsen ragen im Hintergrund auf, der Erosionseinschnitt des Flusses Ribeira de São Vicente ist bis oben terrassiert und mit Weinreben bepflanzt und an der felsigen Küste pulsiert das Meer. Ein guter Ausgangspunkt für Adrenalinjunkies, die hier Outdooraktivitäten wie Schluchtenklettern oder Canyoning starten können.

Der Ort selbst ist außergewöhnlich hübsch. Der Felsen, der ihn verbirgt, wird von einem Tunnel durchquert – von Porto Moniz aus kommt man in der Ortsmitte an. Dann sollte man unbedingt auf der Parkpromenade am Fluss entlang in Richtung Küste spazieren. Wo zwei Brückenbögen die Mündung des Ribeira de São Vicente überqueren, liegt ein Felsblock in der Mitte des Flussbetts. In der kleinen Kapelle wird ein besonderer Schatz bewahrt, eines der Heiligtümer, die die Menschen hier der Gewalt des Wassers entgegensetzen. Nach starken Regenfällen wurde das wichtigste Altarbild vom Wasser fortgeschwemmt, fand sich jedoch Tage später unbeschadet am Strand wieder. Ein Zeichen! Nicht selten wurden an den Küsten Madeiras Kruzifixe, Heiligenbilder oder ganze Kirchen verschüttet oder vom Wasser fortgerissen, und nicht selten haben die Menschen sie an gleicher Stelle wieder aufgebaut. Man knickt nicht ein, man packt an. Der Ort São Vicente hat für sein gepflegtes Erscheinungsbild viele Preise gewonnen. Früher waren die Lavagrotten hier die touristische Attraktion, doch sie sind auf unbestimmte Zeit geschlossen. Heute hält der heilige Vinzenz seine Hand über die Surfer, die den Strand von São Vicente wegen der stetig anrollenden Wellen schätzen. Das Meer schäumt weiß über die schwarzen Kiesel, das Geräusch der rollenden Steine prägt sich ein. Glück kann viele Nuancen haben.

TIPP
Auffallend fröhlich ist das Innendekor der Pfarrkirche in der Ortsmitte. Es wurde von dem Deutschen Max Römer mitgestaltet.

● Parque Urbano mit Capelinha de São Vicente, Avenida Marcos Marques Rosa, 9240-225 São Vicente

Praça
da
República
EXCEPTO
RESIDENTES

Palmen und Oleander

21 Avenida do Mar – ein Spaziergang in Funchal

Die Avenida do Mar ist die Visitenkarte Madeiras und gilt als eine der schönsten Hafenpromenaden der Welt. Hier legen die Kreuzfahrtschiffe an, die besonders in den Wintermonaten die Insel anlaufen, und auch wer wenig Zeit hat, spürt die Einzigartigkeit der Insel. Die Küste ist flach und nicht felsig und der Zugang zur Stadt öffnet sich mühelos. Direkt gegenüber der bunten Praça do Povo, dem Festplatz an der Marina, liegen die Kathedrale Sé und die Altstadt. Neben dem Jachthafen entsteht ein neuer Anleger für Kreuzfahrtschiffe, sodass Seereisende künftig mit Blick auf die Kathedrale in Funchal ankommen. Die Prachtstraße verbindet den Park Jardim do Almirante Reis und den Stadtpark Santa Catarina. Die Praça do Povo ist die Bühne der Stadt, die wie ein Amphitheater zu den Bergen hin ansteigt. Seit dem 15. Jahrhundert gibt es diese Straßenachse entlang der Küste, 1939 wurde sie mit ikonischen Merkmalen ausgestattet: schmiedeeisernen Pavillons und Bushaltestellen, Kiosken und Denkmälern und nostalgischen Straßenlaternen, die unverkennbar portugiesisch wirken. Das Wasser funkelt, Menschen schlendern allein oder in Gruppen über das glänzende Pflaster und genießen den Blick aufs weite Meer. Überall locken Eisdielen und Imbisszelte, für jeden ist etwas dabei. Und doch liegt etwas Zwiespältiges in der Luft, ein Hauch Wehmut. Warum nur? Vielleicht wegen all der Abschiede, die hier eingeschrieben sind, dem jahrhundertelangen Weggehen. Denn die Familien waren hier einst kinderreich und arm, und viele Auswanderer haben die Insel verlassen, um ihr Glück in der Neuen Welt zu suchen.

Die Flaniermeile lädt zum Genießen ein, die Palmen wiegen sich sanft im Wind, der Oleander scheint reicher zu blühen als an jedem anderen Ort. Dies ist ein großer, bunter Garten mit Platz für alle. Dann geht die Sonne unter, und das Licht wird rosa und violett. An der Avenida do Mar leuchten die Lichterketten auf. Abschied liegt in der Luft. Doch wir müssen noch nicht weg. Wir dürfen noch bleiben.

- Avenida do Mar, Praça do Povo, 9060-190 Funchal
- ÖPNV: Bus 01, Bus 02, Bus 04, Bus 8, Haltestelle Avenida do Mar

Ein wenig schweben

22 Der Aussichtspunkt Eira do Serrado

Curral das Freiras ist der einzige Ort auf der Insel, von dem aus man das Meer nicht sieht. Das gilt auch umgekehrt: Er ist vom Meer aus nicht zu entdecken, nur die Vögel können ihn erspähen. Deshalb war er Rückzugsort für die Nonnen des Klosters von Funchal zur Zeit der Korsarenüberfälle. Ein Kloster sucht man hier vergebens, auch wenn der Name „Nonnental" es vermuten ließe. Einst für Fremde unzugänglich, ist Curral das Freiras inzwischen einer der wichtigen Orte auf Madeiras touristischer Landkarte. Heute ist der Ort, 17 Kilometer von Funchal entfernt, durch einen Tunnel bequem zu erreichen, und man müsste nicht mehr ins Tal hineinspähen. Doch der Blick in den Abgrund aus der Vogelperspektive, wie ihn die Aussichtsplattform Eira do Serrado bietet, ist einfach spektakulär.

Ein bequemer Weg führt zu einer Kanzel, die in der Felswand hängt. Dann hat man es unter sich, das verborgene Tal, und gegenüber ragen steil und zerklüftet die Berge empor. Man schaut aus 1094 Metern Höhe auf das Dorf, die Weiler in den Seitentälern und den Canyon, den das Flüsschen Ribeira Cidrão in die Landschaft gegraben hat. Bis weit nach Süden reicht der Blick, wo die Felswände eng zusammenrücken und der Fluss mäandert. Das ist schwindelerregend und einzigartig. Lange war man davon überzeugt, bei den Felswänden rings um den Talkessel Reste eines riesigen Vulkans vor sich zu haben, dessen Krater sich in der Talsohle befand. Doch es ist allein die Kraft des Wassers, die die Landschaft gestaltet hat.

Schaudernd in den Abgrund zu blicken war im 19. Jahrhundert groß in Mode. Da der Ausflug von Funchal damals eine Tagesreise mit Übernachtung bedeutete, wurde am Aussichtspunkt ein Gasthaus errichtet, der Vorläufer des heutigen Hotels Estalagem Eira do Serrado. Exponiert an der Felskante gelegen, mit Café und Souvenirshop und allem Komfort ausgestattet, ist es ein idealer Ort für Wanderer und Ruhesuchende. Denn der Ausflugsverkehr verebbt am Nachmittag, und dann liegt Stille über den Bergen.

● Miradouro Eira do Serrado, Estrada da Eira do Serrado, Curral das Freiras
www.eiradoserrado.com
● ÖPNV: Bus 81, Haltestelle Eira do Serrado

Jeden Tag Frühling

23 Die Kamelienallee im Palheiro-Garten

Wie die Blüten leuchten! Wie zahlreich sie sind! Wiesen voller Frühlingsblumen, mächtige Platanen und Kamelien in Übergröße. Die Kamelienallee am Eingang des Palheiro-Gartens versetzt Gartenfans in Staunen. Der einstige Besitzer, der Graf von Carvalhal, ließ sie auf seinem steilen Grundstück aus ganz pragmatischen Gründen anpflanzen: Die immergrünen dichten Sträucher eigneten sich hervorragend als Windschutz. Im 19. Jahrhundert brach in Europa eine Kamelienleidenschaft aus. Die exotischen und kostbaren Winterblüten wurden zum Liebessymbol. *Die Kameliendame* von Alexandre Dumas war ein Erfolgsbuch, Verdi setzte den Stoff in *La Traviata* in bezaubernde Musik um. Die Pariser Kurtisanen schmückten sich mit einer weißen Kamelienblüte, an Tagen ihrer Regel mit einer roten. Schließlich interpretierte Coco Chanel die Ansteckblumen neu, indem sie die rote Blüte zu einem modischen Accessoire machte.

Der Anblick der robusten Bäume, über und über mit leuchtenden Blüten bedeckt, ist überwältigend. Im Garten der Quinta do Palheiro herrschen auf einer Höhe von etwa 500 Metern beste Bedingungen für die Pflanzen aus Ostasien. Die Quinta ist heute Hotel, der Garten täglich für Besucher geöffnet. Nachdem er Ende des 19. Jahrhunderts von der Familie Blandy übernommen wurde, wuchs die Kameliensammlung weiter an. Weiß, rosa, mit Streifen, tiefrot, gefüllt oder mit leuchtend gelben Staubgefäßen in der Mitte blühen sie von November bis April, trotzen dem Regen und gelegentlich heftigen Winden. 1500 Kamelienarten findet man hier, manche Bäume sind 200 Jahre alt. Daneben faszinieren viele andere exotische Gewächse, wie der Pagodenbaum aus China, Palmfarne und kanadische Zedern. Da Mildred Blandy in Südafrika aufgewachsen war, ließ sie außerdem Pflanzen aus der Kapregion hier heimisch werden. Nun blühen die Kamelien mit etwa 200 Proteenarten um die Wette. Man setzt sich auf eine Bank, liest ein Buch – vielleicht eine Liebesgeschichte – und schaut ab und zu mal hoch. Das Glück könnte nicht größer sein.

● Kameliensammlung in Palheiro Gardens, Caminho da Quinta do Palheiro 32, 9060-255 São Gonçalo, www.palheironatureestate.com/palheiro-gardens
● ÖPNV: Bus 37, Haltestelle QTA Palheiro Blandy

Rum mit Tradition

24 Die Zuckermühle in Porto da Cruz

Nein, es gibt keine Adler auf Madeira. Warum der Adlerfelsen hier so heißt, kann keiner plausibel erklären. Doch er ist prächtig, steil und unübersehbar, eine majestätische Wegmarke von knapp 600 Metern Höhe an der Nordküste. Am Fuße der Felswand liegt die Gemeinde Porto da Cruz mit ihrem kleinen Hafen. Hier legten einst Schiffe ab, die Zucker und Wein, die landwirtschaftlichen Erzeugnisse der Nordküste, nach Funchal brachten, denn über die Insel führte kein Weg.
In Hafennähe, auf der anderen Seite des Schwimmbads, liegt die Zuckermühle Engenhos do Norte, ein hübsches weißes Gebäude mit rotem Schornstein und einem großen Eingangstor. Im 15. und 16. Jahrhundert war Madeira der berühmteste Zuckerproduzent der Welt. Damals war der Rohstoff viel wertvoller als heute, sodass die Europäer ihn „weißes Gold" nannten. Die Mühle in Porto da Cruz ist eine von drei alten Zuckerrohrfabriken, die auf Madeira noch in Betrieb sind. Erbaut im Jahr 1927, als Ergebnis der Zusammenlegung einiger der damals etwa 50 auf der Insel existierenden Anlagen, sind heute noch Maschinen aus dieser Zeit im Einsatz. Die Zuckermühle ist die einzige in Europa, die noch Dampf als Antriebskraft nutzt. Einige Gerätschaften, unter anderem ein mit Holz gespeister Kessel, wurden im ehemaligen Arsenal de São Tiago in Funchal hergestellt und sind Wahrzeichen der Industriegeschichte auf Madeira. Doch versteht man sich hier keineswegs als Museum, sondern produziert Rum. Einige der Rumsorten sind herausragend und preisgekrönt. Gäste werden herzlich empfangen, dürfen die alten Kessel und Destillen in Augenschein nehmen und über die Begeisterung staunen, mit der die Tradition fortgesetzt wird. Manch einer ist gleich bereit, mitzufiebern, dass das alte Handwerk nicht ausstirbt. Am Ende weiß man auch, dass Mel kein Honig ist, sondern Zuckerrohrsirup, der als Zutat für Rum, aber auch für den madeirischen Weihnachtskuchen Bolo de Mel unbedingt gebraucht wird.

TIPP

In der Bar Praça Velha sitzt es sich nett mit Blick auf den Dorfplatz von Porto da Cruz.

● Companhia dos Engenhos do Norte, Rua do Cais 6, 9225-050 Porto da Cruz
www.engenhosdonorte.com

970 RESERVA
RUM
970 RESERVA
970 RESERVA
CEN
RUM
970
RESERVA
2440L
CEN
RUM
970
RESERVA

Kribbeln im Bauch

25 Der Skywalk am Cabo Girão

Die höchste Steilklippe Europas liegt an der Südküste nahe Câmara de Lobos, ragt 580 Meter über dem Meer empor und ist schon von Weitem zu sehen: ein Felsrhombus, der von den Einschnitten zweier Flüsse gebildet wurde. Die schwebende Glasplattform über dem Abgrund ist eine Attraktion und beliebtes Fotomotiv. Ob man zur Selfie-Fraktion gehört oder nicht, der Ausblick ist atemberaubend. Agaven finden Halt im bräunlichen Gestein, im Osten sieht man die Bucht von Funchal und den Verlauf der Küstenlinie bis Câmara de Lobos, und direkt unter den Füßen liegt in unendlicher Tiefe die Küste. Eukalyptusduft hüllt alles ein. Heute ist man über die Einführung des Eukalyptusbaums nicht mehr so glücklich. In Portugal galt er eine Zeit lang als ökologischer Problemlöser, bis sich herausstellte, dass er den Boden veröden lässt und ihm Wasser entzieht.

Der gläserne Weg über den Abgrund wurde 2012 eingeweiht. Wer dem Material vertraut, genießt einen Grand-Canyon-Effekt – doch, es hat was. Runtergucken, fotografieren, staunen … Das Glas ist nicht völlig durchsichtig, sondern gepunktet, das vermittelt das Gefühl von etwas Boden unter den Füßen. Nervenkitzel! Es ist lustig, die gespielten Schreckens- oder Schwindellaute der Mitbesuchenden anzuhören. Für Menschen, die unter Höhenangst leiden, ist dies natürlich kein Glücksort. Dennoch, die gläserne Plattform zählt zu den touristischen Lieblingsorten – mit knapp 2000 Besuchern pro Tag ist man nie ganz allein am Cabo Girão.

Unten, am Fuß der Klippe, sind die sorgfältig bestellten Felder von Fajã dos Padres zu sehen. Das Land ist infolge eines Bergrutsches im Jahr 1933 entstanden, praktisch gestrandet. Fruchtbarer Boden, der beackert werden will. Bevor 2003 eine Seilbahn eingerichtet wurde, waren die Felder ausschließlich mit dem Boot erreichbar. Hier wachsen Bananen. Sie werden nur für den hiesigen Markt produziert, nicht für Europa, denn für die EU sind sie zu klein.

● Miradouro do Cabo Girão, Estrada Padre António Silvino de Andrade, 9300-351 Câmara de Lobos

Farbenstarke Badefestung

26 Die Praia de São Tiago in Funchal

Eher malerisch als furchteinflößend, aber mit den Klippen und dem tiefblauen Meer vor den Mauern schön dramatisch: Die jüngste der drei Festungen in Funchal leuchtet in Sonnengelb. Wehrhaft die Mauern, eine zackenförmige Bastion mit Kuppeldächern auf den Wachtürmen: So wurde der Zugang zum östlichen Ende der Bucht bewacht. Unbeschadet überstand die Fortaleza de São Tiago die Jahrhunderte. Noch Ende 2014 befand sich hier das Museum für zeitgenössische Kunst, das später in einen spektakulären Neubau in Calheta umzog. Wer mit dem Schiff ankommt, sieht die Festung schon von Weitem. Man erreicht sie zu Fuß, wenn man zuvor durch die Rua de Santa Maria geschlendert ist, und hat so alles Glück beisammen.

Hier im Viertel der Fischer und Handwerker ist ein Verjüngungsprozess im Gang. Den Strand vor der Festung halten manche für den schönsten in der Stadt. Die Festung kann besichtigt werden, auch wenn die Räume ungenutzt sind und im Moment noch nicht klar ist, was darin entstehen soll. Am Strand sind unkonventionelle Bars eingezogen, Fischerboote liegen am Ufer und die Badelustigen suchen sich sorglos einen bequemen Platz. Vor dem Gelb der Festung wirkt das Blau des Atlantiks gleich noch viel blauer. Wer sich von der Hektik der Innenstadt erholen will, nimmt auf den Klippen vor der Festung ein Sonnenbad oder wagt sich in das frische Wasser. Leitern ermöglichen den Einstieg, Duschen sind vorhanden, in der Bar gibt es Snacks und Getränke. Wer mehr will, reserviert im schicken Restaurant im Festungshof, dem Restaurante do Forte. Doch allein schon auf das Meer zu schauen, den brechenden Wellen zu folgen, macht glücklich. Oder machen das die perfekten Farben, weiße Gischtkronen auf dem dunklen Lavagestein am Strand? Oder die Palmen vor der zwiebeltürmigen Kirche Igreja do Socorro? Das Abendlicht glüht rosafarben und violett, alle Umrisse erscheinen weichgezeichnet – wir spüren Zufriedenheit, Sehnsucht und den Zauber ferner Welten.

- Strandleben und Bars an der Praia de São Tiago, Travessa do Forte, 9060-291 Funchal
- ÖPNV: Bus 40, Bus 82, Haltestelle Rua Bela São Tiago

Rundum formvollendet

27 Die Sissi-Statue vor dem Casino da Madeira

Wir wissen nicht, wie sie ausgesehen hat, die Quinta Vigia, in der Sissi, Kaiserin Elisabeth von Österreich-Ungarn, im Winter 1860 und Frühjahr 1861 residierte und neuen Lebensmut schöpfte. Wir wissen jedoch, dass an der Stelle der alten Villa seit 1966 das Casino Madeira steht, ein kreisrundes futuristisches Gebäude von Oscar Niemeyer, dem Architekten der brasilianischen Hauptstadt Brasília. Ein Ort, der Glück im Spiel verheißt! Das Rund des Casinos erinnert ein wenig an den Reifrock der Kaiserin Elisabeth, deren Statue auf der weitläufigen Parkfläche vor dem Casino ihren Platz gefunden hat, obwohl Oscar Niemeyer das gewiss nicht beabsichtigte. Doch wie so oft entfalten Formen ihr eigenes Spiel. Als Elisabeth 1860 nach Madeira kam, eine 23-jährige Majestät mit dem Ruf, die schönste Frau der Welt zu sein, war sie tatsächlich ein Häuflein Elend – erschöpft von der Geburt dreier Kinder und eingeengt vom autoritären Hofzeremoniell. Was sie damals quälte, war mehr als ein Husten, der als Vorwand diente, um ihre Abwesenheit am Wiener Hof zu erklären. Sissi ließ sich in der Sänfte umhertragen und ist vielleicht sogar mit dem Korbschlitten den Berg von Monte hinabgerutscht – wilde Vergnügen waren ganz nach ihrem Geschmack. Sie sei wie verwandelt gewesen nach ihrer Zeit auf Madeira, heißt es. Fast 40 Jahre nach ihrer Heirat mit Kaiser Franz Josef feierte sie noch ihren Geburtstag auf Madeira, diesmal im Hotel Reid's. Der Kult um die Kaiserin hält die halbe Welt in Bann und wird von immer neuen Filmen und Serien befeuert. Unübertroffen bleibt für viele allerdings Romy Schneider als Sissi.

Die heutige Quinta Vigia wiederum ist ein rosafarbenes Herrenhaus unweit des Casinos. Heute Gästehaus der Inselregierung, ist die Quinta von einem romantischen Park umgeben und öffentlich zugänglich. Weil der Park Bäume und Gestaltungselemente enthält, die auch im Botanischen Garten zu bewundern sind, ist er für Menschen, denen der Botanische Garten zu steil erscheint, ein perfekter Ersatz.

TIPP

Gleich neben dem Casino lockt die Copacabana Disco Bar ins pulsierende Nachtleben.

- Estátua da Imperatriz Sissi, Avenida do Infante 28, 9000-015 Funchal
- ÖPNV: Bus 01, Bus 02, Bus 3, Bus 04, Haltestelle Hotel Casino Park

Fantastische Aussicht

28 Der Miradouro dos Balcões

Ein kleiner Schwarm Madeira-Buchfinken flattert über den Weg, der von herrlichen alten Lorbeerbäumen gesäumt wird. Ihre Blätter glänzen und bilden gemeinsam mit Stieleichen und Platanen, Farnen und Schlingpflanzen ein dichtes grünes Gewölbe. Wer bloß einmal in die Welt der Levadas und des Lorbeerwalds hineinschnuppern will, nimmt den breiten und bequemen Weg PR11 von Ribeiro Frio entlang der Levada zum Miradouro dos Balcões, einem Aussichtspunkt mit herrlichem Ausblick über das Tal des Ribeira da Metade. Die Wanderung beginnt an der Regionalstraße ER103 in Ribeiro Frio und ist gut ausgeschildert. Nach etwa 700 Metern geht es an der Gabelung nach links durch eine enge Felsscharte. Bald gelangt man zum Aussichtspunkt, der über dem Tal zu schweben scheint.

TIPP
Bei der Rückkehr auf demselben Weg sollte man die Fischzucht im Naturpark von Ribeiro Frio bestaunen.

Bei klarem Himmel kann man die zentrale Gebirgskette gut erkennen, aus der die höchsten Gipfel der Insel herausragen, darunter der Pico do Areeiro, der Pico das Torres und der Pico Ruivo. Auf jeden Fall schweift der Blick im Norden über das Tal bis zum Adlerfelsen Penha d'Águia, der markant genug ist, um auch von nicht so geübten Adlern erspäht zu werden. Dem Auge bietet sich eine fantastische Landschaft in allen denkbaren Grüntönen dar, die Täler sind dicht mit Lorbeerwald bewachsen, der zum nationalen Schutzgebiet Parque Florestal gehört und als Weltnaturerbe ausgewiesen ist. Dieser Wald hat besondere Bedeutung für das Wasser auf der Insel, denn die Lorbeerbäume sind Wolkenkratzer im wahrsten Sinn des Wortes: Feuchtigkeit aus dem Nebel kondensiert auf ihren Blättern und gelangt so in großen Mengen in den Boden, wo sie dafür sorgt, dass die Quellen und Bäche nicht versiegen. Im Frühsommer blühen riesige Natternkopf-Stauden entlang des Weges, auch „Stolz von Madeira" genannt. Die Wanderung ist hier zu Ende – wer gern noch weitergehen möchte, kann sie an der Levada do Furado bis zum Aussichtspunkt Portela fortsetzen.

- Miradouro dos Balcões, Ribeiro Frio, Zugang über Wanderweg PR11 gegenüber von John's Poncha an der ER103
- ÖPNV: Bus 56, Bus 103, Bus 138, Haltestelle RIB Frio-Viveiro Trutas

Schweben macht glücklich

29 Mit der Seilbahn auf nach Monte

Das luftige Glasgebäude der Talstation des Teleférico gleicht von außen einer Bahnhofshalle. Züge fahren auf Madeira nicht, dafür Seilbahnen, und die längste beginnt hier. Sanft schwebt man zwischen Himmel und Erde, gondelt lautlos über Funchal hinweg, linst von oben in die Rua de Santa Maria, schätzt schon mal die Größe des Pools auf dem Dach des Odinout-Hotels und schaukelt sanft vorbei. Auf einem Flachdach wird Wäsche getrocknet, weiter oben sieht man Schulkinder auf dem Pausenplatz und noch weiter oben wird ein kleines Bananenfeld beackert.

Funchal wird kleinteilig wie in einem Wimmelbuch. Etwa auf halbem Wege kommt Spannung auf: Der tief ausgewaschene Flusslauf gelangt ins Blickfeld. Gemütlich schwebt die Seilbahn zuletzt in Monte ein, lässt ausreichend Zeit zum Schauen, die Stadt Funchal liegt uns zu Füßen. Im Jahr 2000 in Betrieb genommen ist der Teleférico vor allem eins: steil, wie das Bergmassiv bei Funchal. Wer sich für die technischen Details interessiert: Auf einer Strecke von 3200 Metern wird ein Höhenunterschied von 560 Metern überwunden. Die Fahrzeit beträgt etwa 15 Minuten, wobei die Geschwindigkeit moderat ist, etwa fahrradschnell. Sicherheitshalber werden die Kabinen in den Stationen vom Seil abgekuppelt, sodass die Geschwindigkeit gedrosselt wird und selbst Großfamilien stressfrei ein- und aussteigen können. Jede der 39 Kabinen hat sieben Sitzplätze. Stütze 3 ist mit 39 Metern die höchste; der größte Abstand liegt bei 540 Metern zwischen den Stützen 3 und 4. Es gab mal eine Zahnradbahn, die nach Monte hinaufführte. Das war die einzige Bahnstrecke, die auf Madeira je existiert hat – nicht ganz ungefährlich und daher 1943 stillgelegt. Die Höhenunterschiede sind hier eine Herausforderung, mit der man im Alltag unterschiedlich umgeht: Früher wurden Touristen noch mit Sänften auf den Berg getragen. Das hat Stunden gedauert, während die Seilbahn sanft und schnell ist. Der Weg nach Monte mit dem Taxi oder Bus ist längst nicht so gemütlich.

- Teleférico Funchal–Monte, Avenida do Mar, 9060-190 Funchal
  www.madeiracablecar.com
- ÖPNV: Bus 56, Bus 77, Bus 81, Bus 103, Bus 110, Haltestelle Teleférico Termino

Teleféricos Madeira
24

Endlos Sommer

30 Im Garten des Hotels Atrio in Calheta

Die Straße schlängelt sich durch einen duftenden Wald. Je höher man kommt, desto enger werden die Kurven, desto höher wachsen die Bäume zu beiden Seiten. Eher unwahrscheinlich scheint es, hier einen mediterranen Garten zu finden, der eine bezaubernde Quinta umgibt. Doch hier ist sie! Alles wirkt südländisch und so klassisch schön, dass man sich wie im Sommer in Italien fühlt. Wer nicht das Glück hat, zu den Hotelgästen zu zählen, kann den riesigen Garten bei einem Spaziergang erkunden. Hier werden alle Sinne angesprochen, würziger Duft von Pfirsich- und Muskatellersalbei, von Zitronenthymian und Zypressen mischt sich mit dem Wohlgeruch der Rosen und der prickelnden Luft. Die einzelnen Apartments sind auf dem riesigen Gartengebiet verteilt, wodurch ein Eindruck von Privatheit und Ruhe entsteht. Gestalterisch verantwortlich für dieses Paradies zeichnet der portugiesische Landschaftsarchitekt Gerald Luckhurst, der mit seinen Visionen die schönsten Gärten der Insel geprägt hat. Er steht für die Einheit von Pflanzenauswahl und Landschaft. Den mediterranen Charakter des Gartens bereichern tropische Gewächse mit kräftigen Farben. Lorbeerbäume, Baumheide und Natternkopf, Drachenbäume und die zarten Blüten des Madeira-Storchenschnabels setzen die einheimische Flora eindrucksvoll in Szene. Das Farbenspiel der unzähligen Blüten im flirrenden Licht und der aromatische Kräuterduft machen ebenso glücklich wie der Blick über den Atlantik.

Beim Spaziergang ins Tal hinab entdeckt man den Küchengarten. Hier gedeiht das köstliche Gemüse, das auf die Teller kommt: Süßkartoffeln, Stangenbohnen, Mangold, Heidelbeeren, Himbeeren, alles aus nachhaltigem Anbau. Zur Philosophie des Hotels gehört auch das täglich frische, selbst gebackene Brot. Zurück im Patio, dem Herzstück des Hauses, sucht man sich ein schönes Plätzchen im Schatten und genießt bei Torte und Tee die endlose Sommerstimmung.

● Hotel Atrio, Caminho dos Moinhos 218, 9370-247 Estreito da Calheta, Tel. +3 51 (2 91) 82 04 00, www.atrio-madeira.com

Auf Weinreise

31 Der Weinkeller von Blandy's in Funchal

Unter Weinreise verstehen Weinkenner in der Regel etwas anderes. Aber auf Madeira war es der Wein selbst, der auf Reisen ging. Seine extreme Lagerfähigkeit und geschmackliche Besonderheit sollen nach einem zweimaligen Transport durch die Tropen zufällig entdeckt worden sein. Madeirawein war über Jahrhunderte die wichtigste Weinsorte für den Export – und die Familie Blandy ist die berühmteste Weinhändlerdynastie auf Madeira.

Zur Verkostung dieses Weins gibt es in Funchal keinen prestigeträchtigeren Ort als die historischen Weinkeller der Blandys. Die Firma nimmt ein ganzes Quartier im Stadtzentrum ein. Labyrinthartige Höfe und Gänge führen in die Kelterei und die Probierstuben. Beeindruckend präsentiert sich die Sammlung historischer Madeiraweine in der Weinbibliothek. Kommt man in die Wine Lodge, in der die Weine degustiert werden können, fallen die Fresken des Malers Max Römer auf. In honiggelbes Licht getaucht, zeigen sie Szenen der Traubenernte und des Transports der Trauben in Zeiten, als der Weg vom Norden in den Süden der Insel noch ein beschwerlicher Fußmarsch war. Der Hamburger Maler kam 1922 nach Madeira, weil seine Frau das norddeutsche Klima nicht vertrug, und blieb bis zu seinem Tod 1960. Gerade wird seine Kunst neu entdeckt. Mit Aquarellen und Ölgemälden, Werbeplakaten, Ansichtskarten und Postern schuf er harmonische Darstellungen der Insel, auf der es „nichts Hässliches" gebe, alles sei erhaben und schön. Seine Bilder kauften wohlhabende Reisende, heute sind die Werke in der ganzen Welt verstreut. Der Madeirawein bereichert wiederum die kulinarische Weltkarte, kein anderes Erzeugnis der Insel ist so bekannt. Viele Weinliebhaber sind zunächst verunsichert, wenn sie mit Süße konfrontiert werden. Aber Madeirawein ist längst nicht mehr nur süß. Blandy's steht für Cuvées, für einen entspannten Lifestyle mit Freude am Genuss und für Regionalität, denn die Trauben für den Wein kommen ausschließlich von der Insel.

- Blandy's Wine Lodge, Avenida Arriaga 28, 9000-064 Funchal
  www.blandyswinelodge.com
- ÖPNV: Bus 01, Bus 02, Bus 04 u. a., Haltestelle Palácio São Lourenço

Plätschern und Rauschen

32 In der Wasserwelt der 25 Quellen

Glück pur: Wandern in der magischen Welt des Wassers. Zu diesen kleinen Wasserfällen führen einige Wege, der beliebteste beginnt an der Landstraße ER110 oberhalb des Forsthauses Rabaçal. Ein weniger frequentierter Weg heißt Vereda da Palha Carga und führt von der anderen Seite des Ribeiro-Janela-Tals zu den Quellen, von dort hat man einen unvergleichlichen Weitblick über die grünen Bergrücken. Doch ganz gleich, von welcher Seite man zu den 25 Quellen wandert – die Pracht der Natur im Felsenkessel ist unvergleichlich. Unterwegs geht man durch eine wildromantische Landschaft, knorrige Baumheidewälder, die sich magisch über dem Weg verschränken, und grünen Lorbeerwald. Die Wuchsformen der bemoosten alten Bäume lassen an Monster denken. Nach etwa eineinhalbstündiger Wanderzeit steht man vor einem Kessel mit senkrechten Wänden und hört es rauschen und plätschern. Wasserströme rinnen die dunklen Felsen herab, ein lebhafter Wasserfall stürzt aus großer Höhe in ein smaragdgrünes Becken. Es ist Wasser der Hochebene Paúl da Serra, das oberhalb aus der undurchlässigen Gesteinsschicht heraustritt und den Fluss Janela, vor allem aber die historischen Bewässerungskanäle speist. Hier liegen Levadas in fünf Ebenen übereinander und sind mit Treppen verbunden. Die Feuchtigkeit lässt Bäume, Moos und Farne üppig wuchern. Ein mystischer Zauber liegt über dem Ort, der dazu anregt, über die Kraft des Wassers nachzudenken. Nach längeren Regenperioden schießen weit mehr als 25 kleine und große Ströme aus den Felswänden – unzählbar sind sie dann. Die Wanderung führt weiter zur Cascata do Risco, wo ein großer Wasserfall in mehreren Kaskaden herabströmt. Hier ist alles in Bewegung, strömt, rinnt und plätschert, und man nimmt die Energie in sich auf, bevor man zum Forsthaus Rabaçal und in die befahrbare Welt zurückkehrt. Oberhalb des einladenden Rasthauses mit Picknicktischen endet der Wanderweg PR6 wieder an der Straße ER110; hier befindet sich der große Wanderparkplatz.

● Levada das 25 Fontes/Levada do Risco, Start am Parkplatz Levada do Alecrim an der ER110, von dort Zubringerbus zum Beginn des Wanderwegs PR6 am Rabaçal Nature Spot Café

Weißes Wasser, goldener Sand

33

Baden und Surfen in Machico

Wenn Madeira mit Hawaii verglichen wird, hat das einiges mit den bizarren Felsformationen, den allgegenwärtigen Orchideen, Hibiskusblüten und dem Regenwald aus Lorbeerbäumen zu tun, doch auch mit einem Trendsport, der immer mehr Menschen begeistert. Es sind die Surfer, die Madeira zum „Hawaii des Atlantiks" ernannt haben. Nicht nur an der Nord- und Südwestküste, auch im Südosten der Insel liegen geeignete Spots zum Surfen, besonders, wenn man es gerade lernen möchte. Zum Beispiel in dem bezaubernden Städtchen Machico, das in einer hübschen, von grünen Bergen umrahmten Bucht liegt. Machico ist der älteste Ort der Insel. Hier tut man viel, um das historische Erbe angemessen in Szene zu setzen, und fast noch mehr, um junge, sportliche Menschen anzuziehen. Dennoch ist der Ort ruhig und nicht überfüllt.

Eine Strandpromenade mit altehrwürdigen Platanen führt an den wundervollen, hellsandigen Strand Banda d'Além, wo man geschützt vor der Brandung schwimmen und sonnenbaden kann. Am südlichen Ende der Bucht liegt auf der anderen Flussseite der schwarzkiesige Naturstrand Praia de São Roque. Dort ist wiederum die Brandung ideal zum Surfen im Weißwasser. Beständige, aber nicht zu hohe Wellen erleichtern Surf-Einsteigern den Kontakt mit dem Ozean, hier lernen sie, aufs Brett zu gelangen und sich aufzurichten. Alle, denen das gelingt, erleben einen besonderen Glücksmoment. Die Welle zu spüren, sie auszubalancieren und sich mit ihrer Energie an den Strand fahren zu lassen ist ein unvergleichliches Gefühl. Surfen schafft eine starke körperliche Verbindung mit der Kraft der Natur. Und die Surferinnen und Surfer sehen die Bucht aus einer ähnlichen Perspektive wie die ersten Kapitäne, die hier an Land gingen. Was Madeira grundsätzlich von Hawaii unterscheidet: Es gibt hier weder gefährliche Haie noch aktive Vulkane. Auch wenn die Insel durch vulkanische Aktivität entstanden ist – vor Ausbrüchen muss man sich nicht fürchten.

TIPP

White Waters heißt ein junges Stadthotel in Machico, das in der Surfszene beliebt ist.

● Praia da Banda d'Além und Praia de São Roque, 9200-119 Machico

Oh, diese Schmetterlinge

34 Im Garten der Quinta das Cruzes

Wenn man um die Mittagszeit herkommt, ist das Museum Quinta da Cruzes geschlossen, doch das macht nichts. Ein verwunschener Garten umgibt das prächtige Haus, das aus der legendenumwobenen Frühzeit Funchals stammt und einmal das Wohnhaus Heinrich des Seefahrers gewesen sein soll. Heute beherbergt es, frisch renoviert, weiß getüncht und mit den inseltypisch dunkel abgesetzten Fensterleibungen aus Lavastein, zwei kunsthistorische Sammlungen. Das Schöne ist, dass der Garten für Besucher geöffnet ist und keinen Eintritt kostet. Er ist die eigentliche Attraktion der Quinta. Skulpturale Bäume teilen sich den Raum mit steinernen Wasserbecken und Architekturfragmenten, die beim Abriss manuelinischer Bauwerke irgendwie wichtig und erhaltenswert schienen und hier einen neuen Platz fanden, Erinnerungen an längst vergangene Epochen. Man spaziert durch die Antiquitätensammlung unter freiem Himmel, bis man in den hinteren Teil des Gartens vordringt, wo man auf einer Bank unterhalb des Wasserbeckens die Ruhe genießen kann. Oft ist niemand sonst hier. Nach kurzer Zeit nimmt das Gartenleben Fahrt auf: Große Monarchfalter mit orange-schwarzen Flügeln flattern umher, eine Katze schleicht über die Kiesel, um einen geeigneten Platz zum Weiterschlafen zu finden. Und wir selbst geraten ins Träumen. Selbst in den Wintermonaten ist es hier angenehm warm, die Mauern halten den Wind ab und speichern die Wärme. Weiter oben sieht man die Festung Forte do Pico, mit vollem Namen Fortaleza de São João Baptista do Pico, mit deren Bau 1606 begonnen wurde, heute ist sie im Besitz der Marine. Unterhalb des Gartens liegt das Kloster der Klarissen mit einer prächtigen Kirche, die gerade restauriert wird, doch der mit Azulejos geschmückte Turm lässt sich von hier aus erspähen. Prächtig blühen die Bäume, das Wasser im Becken plätschert und man wird von Dankbarkeit erfasst. Wie angenehm ist die Ruhe in der Mitte des Tages!

TIPP

Das Gartencafé der Quinta serviert Tee mit feinen Scones mit Aussicht auf die anglikanische Kirche.

- Museu Quinta das Cruzes, Calçada do Pico 1, 9000-206 Funchal, Tel. +3 51 (2 91) 74 06 70, https://mqc.madeira.gov.pt
- ÖPNV: Bus 50, Haltestelle Cota 40 Cruz Vermelha

Minimalismus in XXL

35 MUDAS – das Museum für moderne Kunst in Calheta

Moderne europäische Kunst? Hier, am äußersten Ende Europas? Ja, genau hier, und es ist faszinierend, wie die Moderne auf das Zeitlose des Ozeans und die schroffe Felslandschaft trifft. Mit seiner avantgardistischen Architektursprache ist das Museum MUDAS in Calheta eine Überraschung für Kunst- und Architekturfans. Der portugiesische Stararchitekt Paulo David hat das Bauwerk entworfen, das den Charakter der Insellandschaft aufnimmt und ihn auf besondere Art erfahrbar macht. Als Standort wählte er nicht Funchal, wo die in Jahrhunderten gewachsene urbane Struktur ein solch raumgreifendes Projekt nicht zugelassen hätte, sondern das ländliche Calheta, das von Bananen- und Zuckerrohrfeldern umgeben ist. Auf halber Höhe zwischen Felsen und Strand ragt das Museum in schöner Klarheit in den Raum. Dabei scheint es fast zu schweben. Die Mauern aus Vulkangestein erinnern an traditionelle Bauformen. Auf dem Dach gedeihen Pflanzen, die selbst wie Kunstwerke aussehen, und der Blick reicht weit über die Küste und Madeiras zerklüftete Landschaft hinweg. Blauer Ozean, weiße Brandung, Einfachheit und Klarheit – plötzlich ist da ein Hochgefühl.

TIPP
Das nahe Restaurant Convento das Vinhas überzeugt mit Panoramasicht und lokalen Delikatessen.

Und die Kunst? Sie ist natürlich das Wichtigste und wird auf drei Ebenen präsentiert. Ab und zu schweift der Blick mal nach draußen, doch gebührt hier alle Aufmerksamkeit den Kunstwerken. Man trifft auf international bekannte und weniger bekannte Namen. Überraschend, eigensinnig, vielfältig und tief mit Madeira verbunden sind die Werke der Künstlerin Lourdes Castro, ihre filigranen Schattenbilder berühren ebenso wie ihre abstrakten Stick- und Teppichbilder. Eine solche Sammlung portugiesischer Kunst aus der Mitte des 20. Jahrhunderts bis in die Gegenwart sieht man nur hier, und man lässt sich gern darauf ein, diese Welt zu entdecken. Die Ausstellungen wechseln, doch das Glück der klaren Linien bleibt.

● MUDAS – Museu de Arte Contemporânea de Madeira, Estrada Simão Gonçalves da Câmara 37, 9370-139 Calheta
● www.mudasmuseuvirtual.com

Herrlich vielfältig

36 Über die Mimosenlevada zur Boca do Risco

An die Boca do Risco, die „gefährliche Scharte", gelangt man nur zu Fuß, und diese entspannte Wanderung bereitet großes Vergnügen. Der Einstieg zur Levada do Caniçal liegt an der Bar O Jacaré hoch über der Bucht von Machico. Der Weg führt durch Akazienwälder und eine liebliche Landschaft, in die ein paar Bauernhäuser eingestreut sind. Auf den Terrassenfeldern gedeihen Süßkartoffeln und Bohnen, Zwiebeln und Maniok, Grundnahrungsmittel der Selbstversorger und Marktlieferanten.

Im Frühjahr sind die Akazien mit gelben, puscheligen Blüten geschmückt, darum hat die Levada den Beinamen Mimosenlevada – auch wenn Akazien keine Mimosen sind. Im Sommer blühen Hortensien und feuerrote Cannas, die Welt leuchtet. Die Levada leitet das Wasser zu den Terrassenfeldern unterhalb. Mit viel Aufwand und Körpereinsatz schafft es ein Bauer, etwa 15 bis 20 dieser kleinen Landstücke zu bewirtschaften. Hier ist alles licht und grün – und was bringt die kleine Wanderung noch? Begegnungen mit hübschen Ziegen, das Krähen der Hähne über dem Tal. Die Landwirte auf ihren Feldern grüßt man mit „Bom dia", sie grüßen zurück, und man fühlt sich verbunden mit dieser wunderbaren Landschaft. Jetzt wird ein Bachlauf überquert, der meist trocken daliegt, und man verlässt die Levada. Es geht bergauf, und ehe man sichs versieht, steht man an der Boca do Risco. Der plötzliche Ausblick über die steile Nordküste ist eine Überraschung. Eine völlig andere Welt! Da unten tost der Atlantik, und der Wind kann mitunter scharf wehen. Bei schönem Wetter reicht der Blick weit nach Osten, bis zur Ponta de São Lourenço, wo man den Seepferdchen-Felsen aus dem Wasser ragen sieht. Und nach Westen, wo die Gischt anbrandet und Felswände senkrecht in die Höhe ragen. Dorthin, nach Porto da Cruz, kann man die Wanderung fortsetzen. Doch wer genussvoll wandert, kehrt einfach um und geht den Weg zurück. Dann befindet man sich wieder in der stillen, ländlichen Welt der Levada do Caniçal und ist doch um viele Eindrücke reicher.

● Boca do Risco über Levada do Caniçal, Start an der Snack-Bar O Jacaré, Caminho da Noia, Machico

Sieh mal, ein Adler

37 Felswanderung an der Nordküste

Wer die Boca do Risco, die gefährliche Scharte, von Machico aus erreicht hat, kann entweder zurückgehen oder etwa 2 Stunden auf dem alten Fußweg Vereda do Larano ganz nah an den Felswänden nach Porto da Cruz weiterwandern. Es ist eine der schönsten Wanderrouten auf Madeira, doch sollte man sie nur bei trockenem Wetter gehen. Rechts die steil abfallende Nordküste, der Pfad auf einer Höhe von 300 Metern über dem Meer und links die steil aufragende, mitunter senkrechte Felswand. Eine raue, abenteuerliche und schwindelerregende Landschaft – aber gleichzeitig so leuchtend blau und grün, so erfrischend und verlockend!
Der schmale Weg ist zum Teil in den Fels geschlagen, aber recht gut gesichert. Man denkt an Caspar David Friedrich und die Kreidefelsen auf Rügen, doch hier ist alles noch abgründiger. Lorbeer und Baumheide, Farne und Schlingpflanzen mildern den Blick in die Tiefe, und wo sie fehlen, klopft das Herz angesichts der Steilheit. Der Weitblick ist großartig. Schaut man Richtung Osten, sieht man die Ponta de São Lourenço mit dem markanten Seepferdchen-Felsen. Nach etwa einer Stunde kommt im Westen der Adlerfelsen in den Blick. Bloß nicht zu schnell sein! Allmählich erreichen wir fruchtbare Felder, mal sieht man Weinreben knapp über dem Boden, mal Bananenstauden in der Tiefe. Die Bauern haben einen Lastenaufzug eingerichtet; hier beginnt auch die Forststraße. Hinter dem Aufzug schwenkt ein kleiner Weg nach rechts, der an Feldern und einer kleinen Levada entlang hinab an den Strand führt. Unterhalb des Adlerfelsens liegt der hübsche Ort Porto da Cruz, aber erst einmal heißt es über in die Erde geschlagene Stufen steil bergab kraxeln. Und wieder ist die Aussicht atemberaubend. Das Ziel ist der Strand mit den schwarzen Kieseln, man hört, wie die Wellen darüberrollen, ein Paradies für Surfer. Glück ist, in der Strandbar ein Erfrischungsgetränk zu sich zu nehmen und Rückschau zu halten. Ja, da oben bei den steilen Wänden waren wir!

- Porto da Cruz über Wanderweg Vereda do Larano, Start an der Boca do Risco

Atemberaubend

38 Den Fliegern bei der Landung zusehen

Die ersten portugiesischen Piloten, die 1921 von Lissabon nach Funchal geflogen sind, haben für ihre heroische Leistung ein Denkmal im Santa-Catarina-Park bekommen. Heute kann man den Fliegern vom Aussichtsdeck des Flughafens aus beim Landen zusehen. Die Startbahn sieht aus wie eine Brücke ins Meer, dient aber als Brücke in den Himmel. Eröffnet im September 2000, ist sie nicht mehr ganz neu, aber immer noch spektakulär. Sie ist knapp 3 Kilometer lang und ruht auf einem Stützenbauwerk, dessen Ausmaß sich erst ganz erschließt, wenn man unten zwischen den Säulen entlangfährt, etwa im Sportpark Agua de Pena. Man kann sehen, wie dick sie sind, aber nicht, wie lang, denn nur die halbe Säule ragt empor, die andere Hälfte ist im Erdreich vergraben oder auf dem Meeresboden verankert.

Madeira liegt 900 Kilometer vom portugiesischen Festland entfernt. Erst eine regelmäßige Flugverbindung machte die touristische Entwicklung der Insel möglich. Der Flughafen ist zwischen Atlantikküste und hohen Bergen eingezwängt; es gab keine anderen Optionen, überall sonst wäre das Gelände noch steiler gewesen. Die erste verlängerte Landebahn wurde 1985 in Betrieb genommen, löste jedoch die Schwierigkeiten des Anflugs nicht wirklich. So blieb Madeira lange ein exklusiver Ort für Wohlhabende, die im Privatjet oder mit dem Schiff anreisten. Deshalb ist es nicht übertrieben, zu behaupten, dass das Glück hier am Flughafen beginnt. Die neue Landebahn gilt als das größte Bauwerk der Insel und sogar von ganz Portugal. Zwischen ihr und der Autobahn liegt eine steile befestigte Randfläche, die mit Schwanenhalsagaven bepflanzt ist. Wenn diese Pflanzen blühen, erinnern ihre bogenförmigen Blütenstände an Urzeittiere, als würde dort eine Herde fantastischer Geschöpfe grasen. Die Piloten werden übrigens für den Anflug speziell trainiert, die Sicherheitskriterien sind hoch, und bei starkem Wind wird der Airport nicht angeflogen. Dann heißt es ausweichen, denn weitere Denkmäler für heroische Piloten sind nicht vorgesehen.

- Aussichtsterrasse im Aeroporto da Madeira Internacional Cristiano Ronaldo, 9100-105 Santa Cruz, www.aeroportomadeira.pt
- ÖPNV: Aerobus – Shuttleservice auf der Hotelroute nach Funchal

AIR PORTUGAL

Guter Rutsch

39 Korbschlittenfahrten in Monte

Wie schräg ist das denn! Da rutschen Menschen einfach so mit dem Schlitten die Straße hinunter, ohne Eis und Schnee. Wie steil muss es hier sein, damit die Reibung überwunden wird und die Fahrt Tempo aufnimmt! Und warum macht man das? Ist es die Lust auf einen Adrenalinkick, die Erwartung eines ganz und gar einzigartigen Fahrvergnügens oder physikalisches Interesse, das uns in Monte den Korbschlitten nehmen lässt? Was es auch ist, es macht Spaß. Die Carreiros – weiß gekleidete Männer mit einem flachen Strohhut – sind eine Institution. Die Fahrt beginnt unterhalb des Stadtgartens in Monte, wo die Korbschlitten an einer Mauer aufgereiht sind, und endet im Vorort Livramento. Der Asphalt ist geglättet und glänzt. Platz nehmen, Anlauf, los geht's. Nach etwa 50 Metern kommt die erste steile Kurve. Nun heißt es bremsen und lenken, die Männer springen ab und regulieren die Fahrtrichtung mit vollem Körpereinsatz. Die Passagiere jauchzen und lachen und filmen alles mit der Handykamera. Unten glitzert der Atlantik.

Seit mehr als 170 Jahren werden Schlitten auf Holzkufen benutzt, um aus Monte nach Funchal zurückzugelangen. Möglich macht dieses physikalische Wunder die außergewöhnliche Steilheit des Gebiets. Und der Mut der Korbschlittenlenker. Ist die Fahrt gefährlich? Die Carreiros wissen, was sie tun. Noch nie ist ein Schlitten umgefallen oder hat sich ein Insasse wehgetan. In Deutschland würde man bestimmt alles gleich regulieren und eine Helmpflicht einführen. Dabei sind es eher die Kniegelenke der Korbschlittenlenker, die geschützt werden müssten, weil sie oft aus voller Fahrt abspringen und bremsen.

Mit einem Transporter werden Männer und Schlitten wieder nach oben gebracht. Der traditionelle Touristenspaß erinnert an eine Zeit, als es noch keine öffentlichen Verkehrsmittel auf der Insel gab: Die Schlitten waren zunächst einfach ein schnelles Transportmittel für die Bewohner nach Funchal. Wem die Fahrt zu rasant ist, schaut einfach zu, etwa aus dem Stadtgarten von Monte.

- Korbschlittenfahrten mit Carreiros do Monte, Caminho do Monte 4, 9050-084 Monte, www.carreirosdomonte.com
- ÖPNV: Bus 20, Bus 21, Bus 56, Bus 103, Haltestelle QTA Monte

BELMONTE
FUNCHAL
BABOSAS

Feiner Brotduft

40

Die Traditionsbäckerei Mariazinha in Funchal

Allein schon der Duft ist göttlich: Backwaren, Kuchen und Brot sind fein und so frisch, dass einem schon von Weitem das Wasser im Munde zusammenläuft. Die Confeitaria, in der so gekonnt handwerklich gebacken wird, liegt in der Rua de Santa Maria im Altstadtviertel. Das Haus im traditionellen Stil – rosa und weinrot gestrichen, mit vulkanischem Naturstein und filigranen Balkongittern – beherbergt eine der ältesten Bäckereien der Stadt. Und die Lieblingsbäckerei des Viertels, wo Einheimische ihr gewohntes Sortiment finden und Gäste aus dem Ausland gut bedient werden.

Der Bäckermeister macht nicht viel Aufhebens, seine Sache ist das Backen. Ein Steinofen im Hof ist das Herzstück des Betriebs. Am frühen Morgen werden die ersten Brote und Brötchen an Hotels und Geschäfte in der Umgebung ausgeliefert. Knuspriges Hausbrot, Pão caseiro, und fluffiges Bolo do caco, das köstliche runde Fladenbrot aus dem Steinofen. Letzteres wird aus einem Teig mit Süßkartoffeln und Weizenmehl hergestellt, immer gern als Vorspeise mit Kräuter-Knoblauch-Butter gereicht und passt nicht nur hervorragend zu Schafskäse und frischen Salaten, sondern auch zu Fleischspießen. Frühmorgens um vier, wenn die Stadt noch schläft, heizt der Bäcker seinen riesigen Ofen an. Hungrige stehen hier an einem Ort, wo sie gerettet werden, dank langer Öffnungszeiten auch in den frühen Morgenstunden oder spät am Abend. Ab sieben Uhr morgens ist der Laden gut besetzt mit Frühstücksgästen, die ein Teilchen und einen Kaffee zu sich nehmen: Bica (Espresso) oder Garoto (Espresso mit Milch) oder Chinesa (einen starken Milchkaffee). Das Sortiment ist landestypisch, wer neugierig ist, kann sich durchprobieren und lernt viel über den Geschmack des portugiesischen Alltags. Würziges Brot mit Chorizo, Pastels de nata, so lecker, dass Suchtgefahr besteht, und aromatische Passionsfruchtkuchen bleiben in Erinnerung. Und das tägliche Brot, fantastisch frisch, das beste in Funchal, rund um die Uhr.

- Padaria Pastelaria Mariazinha, Rua de Santa Maria 153, 9060-291 Funchal
- ÖPNV: Bus 40, Bus 82, Haltestelle Rua Bela São Tiago

Pão Preto
com chouriço
Pão de água

Im Namen der Robbe

41 Street-Art in Câmara de Lobos

Sie schaut uns mit großen, freundlichen Augen an, die Robbe an der Wand über der Bucht. Der Künstler Bordalo II hat ihren Körper aus Metallschrott und Plastikmüll zusammengesetzt, der aus dem Wasser gefischt wurde, zur Erinnerung daran, dass wir das Meer und seine Bewohner schützen sollten. Klar, das Kunstwerk ist auch ein Wahrzeichen und spielt auf den Ortsnamen an. Câmara de Lobos bedeutet „Ort der Wölfe", womit die auch als Seewölfe bezeichneten Mönchsrobben gemeint sind, die sich einst auf den Klippen und in den Felshöhlen der Bucht tummelten und den zweibeinigen Neuankömmlingen mit ihrem Brüllen Angst machten. Nach wenigen Jahrzehnten waren die eigentümlichen Säugetiere verschwunden. Streng geschützt, leben heute wieder Mönchrobben auf den Ilhas Desertas, drei unbewohnten Inseln südöstlich von Madeira. Auch vor dem Strand von Garajau und sogar an der nahen Praia Formosa gab es neuerdings Robbensichtungen. Die Tiere können 400 Kilogramm schwer werden. Man sollte sie weder füttern noch versuchen, mit ihnen in Kontakt zu kommen.

Câmara de Lobos ist eine weitläufige Gemeinde, die sich hoch auf den Berg hinaufzieht. Wenn man in der Fußgängerzone auf der Rua São João de Deus in Richtung São-Sebastião-Kirche flaniert, stößt man auf noch mehr Street-Art und Plastiken aus Aluschrott und Plastikmüll. Die ganze Straße ist im Sommer mit Girlanden aus Plastiksäcken und Einwegverpackungen geschmückt. Umnutzung oder Upcycling heißt der Trend, der auf staunenswerte Weise Müll anstelle von Blumengirlanden als Schmuckelement nutzt. Hier sind es Kunstprojekte der Schulen in der Gemeinde, die auf die zunehmende Vermüllung unserer Umwelt hinweisen. Rings um die Casa do Cultura wachsen Bananenstauden in bunten Getränkedosen, die Türen der Geschäfte sind mit Collagen aus Aludosen verziert. Sie sehen hübsch aus und vermitteln klare Botschaften: Vermeide Müll, kauf nichts, was du nicht brauchst, und denk an die Natur! Ist doch nicht schwer.

TIPP

Etwas oberhalb der Fußgängerzone liegt das beste Fischrestaurant im Ort, Restaurante Vila do Peixe.

● Street-Art in der Rua São Joao de Deus, Câmara de Lobos
Wandplastik Lobo Marinho, Rua Nova da Praia, Câmara de Lobos

I
CÂMAR

Badefreuden mit Tradition

42

Die Schwimmanlage Lido in Funchal

Seit das Hotel Reid's seinen sportlichen Gästen erstmals über Stege und Leitern den Zugang zum Meer eröffnete, hat sich beim Thema Baden auf Madeira viel getan. Die Einheimischen lieben ihre familiären Badeanlagen und sind stolz auf sie. Inzwischen kann man an vielen gut befestigten Orten im Atlantik schwimmen, doch das Lido in Funchal mit seinen eleganten Schwimm- und Badebecken bleibt eine Klasse für sich. Es eröffnete im Jahr 1932 und ist seither oft auf den neuesten Stand gebracht worden, ohne dass es an Reiz verloren hätte. Pittoreske Klippen, tiefblaues Meer und weiße Brandung: Hier kommen die großen Seebad-Gefühle der Belle Époque auf, nur ohne Lagune, Verklemmtheit und Zigarrenrauch. Ein Badetag in den Wellen des Atlantiks hat es in sich, erfrischt und erschöpft gleichermaßen. Wer lieber nicht baden mag, kann aufs Meer schauen, sich am Wind und dem Blick auf die Felsen erfreuen, an der Brandung, an den heimkehrenden Segelbooten. Oder sich ein Eis aus der venezianischen Eisdiele holen, sich auf eine der vielen Bänke setzen und mit den Basketballspielern mitfiebern, die sich abends am Outdoor-Street-Court einfinden. Vielleicht rollt der Ball ja mal so, dass man ihn zurückspielen kann … Oder man schlendert weiter aus der Stadt heraus, 2 Kilometer gen Westen, bis die Sonne ganz tief steht und die Welt in ein warmes Licht taucht. Dann legt sich der Wind, die Lichterketten in den unzähligen Bars leuchten auf und verzaubern die Dunkelheit.

Ganz nebenbei beginnt unweit vom Lido-Schwimmbad mit Jardins do Lido die weitläufigste Grünanlage der Stadt. Sie geht in die Frente Mar über und zieht sich an der Küste entlang durch den Stadtteil São Martinho. In all den Jahren sind die Palmen gewachsen, und Sukkulenten, Bougainvilleen und Stauden überraschen mit einer Üppigkeit, die glücklich macht. Hier erfreut man sich einfach an der blühenden Pracht. Oder man findet unter den Bistros und Restaurants seinen Lieblingsort und genießt ein wunderbares Nachtessen.

TIPP

In entspannter Atmosphäre bietet das Mau Feitio kreative regionale Speisen mit kleinen Portionen.

- Complexo Balnear do Lido, Rua do Gorgulho 11, 9000-107 Funchal
- ÖPNV: Bus 02, Haltestelle Lido

Wie Nougat und Schokolade

43 Die Felsen der Ponta de São Lourenço

Der Weg PR8 auf die Ponta de São Lourenço beginnt da, wo die Straße endet, und führt über Felsgrate an die östliche Spitze Madeiras. Links liegt die Nordküste, rechts die Südküste und dazwischen Felsen, auf denen der Wanderweg gut gesichert entlangführt. Immer wieder öffnen sich atemberaubende Aussichten, tiefblau liegt unten der Ozean, schwindelerregend hoch ragen die Felsen empor, an denen die Wellen brechen und das Gestein mit einem weißen Saum umgeben. Unwillkürlich muss man an die Vulkane denken, die vor Jahrmillionen brodelndes Material Schicht um Schicht an die Oberfläche befördert und aufeinandergelegt haben, sodass Muster auf den Felsen entstanden sind, leuchtende Rottöne und fahles Schwarz. Wenn man auf der beinahe vegetationslosen Ponta de São Lourenço wandert, stößt man auf deutlich sichtbare Spuren des Vulkanismus, der die Insel entstehen ließ. Das helle Braun des Lavagesteins und die dunklen Basaltschichten erinnern an Schichtnougat. Zum Glück wird das alles nicht schmelzen, auch wenn die Sonne hier unablässig scheint! Die schwarzen Zeichnungen auf den Felsen sind ebenfalls Folgen vulkanischer Aktivität – der Blick in dieses Laboratorium der Erde ist aufregend und faszinierend.
Für die mit Hin- und Rückweg etwa 7 Kilometer lange Wandertour sollte man ungefähr 4 Stunden einplanen, weil man ja Pausen einlegen will, um die Naturformationen zu genießen. Während die Nordseite von heftigen Wellen umtost wird, ist es an der Südküste eher still, das Meer liegt glatt und unbewegt, und die Fischer suchen die Doradenzucht in der Bucht auf, um den Fang zu entnehmen. Die Wanderung zur Ponta de São Lourenço bietet zahlreiche schöne Plätze für ein Picknick. Den Müll auf jeden Fall mitnehmen! Auch in der Casa Sardinha kann man zünftig rasten. Danach geht es auf dem Hauptweg zurück zum Parkplatz. Wer meint, dies sei ja bloß der Rückweg, wird angenehm überrascht: Die umgekehrte Aussicht auf die felsige Küste ist wieder einmal einzigartig, atemberaubend, unvergesslich.

● Ponta São Lourenço über Wanderweg PR8, Start am Parkplatz Baia d'Abra am östlichen Ende der ER109
● ÖPNV: Bus 113, Haltestelle Baia d'Abra

Weitblick, beidseitig

44 Auf dem Weg zum Encumeada-Pass

Da unten ist das Meer! Dort unten auch! Die Möglichkeit, das Meer zu beiden Seiten der Insel zu sehen, macht die Aussicht vom Encumeada-Pass so besonders. Meist fährt man von Ribeira Brava aus auf den 1000 Meter hohen Pass hinauf. Die Bäche sind auf Madeira mitunter reißend und stürzen auf kürzestem Weg ins Meer. So sind überall auf der Insel eindrucksvolle Canyons entstanden, die das fließende Wasser ins Vulkangestein gegraben hat.

Der Canyon von Ribeira Brava ist einer der steilsten, wildesten und auch heute noch gefährlichsten auf Madeira, trotz massivem Ausbau der Straßen, Tunnel und Verkehrswege in den letzten Jahren. Wo aber ist das Glück? Es liegt in dem Panoramablick, den man auf der Fahrt nach oben von einem der Aussichtspunkte an der Straße genießt. Man steigt aus, ist von wohltuender Kühle umgeben und kann den Blick in Ruhe schweifen lassen. Das Farbspiel von Grün und Blau ist überwältigend, und man bekommt eine Ahnung von den Naturgewalten, die das Inselrelief geprägt haben. Je weiter sich die Straße zum Pass nach oben schraubt, umso näher rücken die Berge aneinander. Beim Blick ins Tal sieht man, wie sich die Infrastruktur in den verfügbaren Raum drängt. Als hätte ein Riese sein Spielzeug zu dicht aufgestellt! Eben sahen wir noch an der Küste von Ribeira Brava den Badenden zu, jetzt beobachten wir, wie sich weiße Wolkenmassen zwischen die felsigen Berggipfel wälzen. Das ist der Föhneffekt. Es gehört schon etwas Glück dazu, den legendären Pass-Moment zu erwischen, in dem man das Meer an der Süd- wie an der Nordküste der Insel sehen kann. Die Fahrt führt dann weiter durch die verschiedenen Vegetationszonen auf die Hochebene Paúl da Serra.

Natürlich kann man, der Einfachheit halber, auch den Weg durch den Straßentunnel der Schnellstraße VE4 wählen, der im Jahr 2002 eröffnet wurde und 3086 Meter lang ist. Doch im Tunnel sieht man nichts von der atemberaubenden Schönheit des wilden Tals.

● Aussichtspunkte des Encumeada-Passes, zum Beispiel Miradouro da Terra Grande an der ER228

Seltene Schätze

45 Das Fotomuseum in Funchal

Wer im Trubel von Funchals Altstadt eine Atempause braucht, findet sie im Fotografiemuseum. Betritt man den mit Kieseln gepflasterten Innenhof, wirkt das Haus wie eine Süßigkeit, mit makellosem Himbeerguss und Zucker verziert. Das fein ziselierte Geländer hebt sich weiß von der rosafarbenen Fassade ab – schon wird die Fantasie angeregt. Dies ist ein Glücksort für Nostalgiefans. Rund 800.000 Fotonegative aus der Zeit von 1870 bis 1978 werden hier aufbewahrt und in Ausstellungen präsentiert. Man kommt wohl nirgendwo der Stadtgeschichte so nah wie in den Räumen des einstigen Fotoateliers. Und gleichzeitig taucht man in die Geschichte der Fotografie ein.

Die Familie Vicente betrieb das Fotoatelier in der Rua da Carreira, das heute den Kern des Museums bildet, seit 1865. Die Fototechnik veränderte sich, die Kameras wurden handlich, Farbfilme kamen auf, doch das Inventar aus der Anfangszeit blieb erhalten und wurde zum Grundstock einer Sammlung, die durch Authentizität in Erstaunen versetzt. Man möchte gleich in den Familienalben blättern und mitfeiern! Denn damals waren Fotografien noch kostbare und außergewöhnliche Erinnerungen an Lebenshöhepunkte. Der Gründer des Fotostudios, Vicente Gomes da Silva (1827–1906), begann seine Laufbahn als Promi-Fotograf, ohne dass er seiner aristokratischen Kundschaft allzu sehr nachlief. Bereits 1860 erhielt er den Titel „Photographe de Sa Majesté L'Imperatrice d'Autriche“ und hatte das Exklusivrecht, die Kaiserin Elisabeth von Österreich abzulichten, allerdings auch die Pflicht, ihr alle Fotoplatten auszuhändigen, denn Sissi nahm es mit ihrem Bild in der Öffentlichkeit sehr genau. In den Museumsräumen lernt man viel über Fototechnik und die Magie des Lichts, bestaunt riesige Fotoapparate und den Fundus an Hintergrundmalereien. Welche Kulisse würde man für das eigene Leben wählen? Vielleicht das Gartenmotiv, die Palastsäulen oder die Hochgebirgslandschaft? Im Buchladen des Museums stöbert man beglückt in Fotobüchern.

- Museu de Fotografia da Madeira – Atelier Vicente's, Rua da Carreira 43, 9000-042 Funchal, https://cultura.madeira.gov.pt/museus.html
- ÖPNV: Bus 01, Bus 02, Bus 04 u. a., Haltestelle Palácio São Lourenço

elier photographique
VICENTE
A MAIS ANTIGA PHOTOGRAPHIA DE PORTUGAL
Museu de Fotografia
da Madeira
— Atelier Vicente's
PÁTIO
43
FROM STUDIO

Blumenreich und würdevoll

46 Das historische Zentrum von Machico

Machico ist der älteste Ort Madeiras. Im Sommer 1419 betraten drei portugiesische Kapitäne in der Bucht von Machico erstmals den Inselboden, und der König von Portugal verteilte das unbewohnte Land unter ihnen. Tristão Vaz Teixeira wurde zum Generalkapitän des östlichen Inselteils ernannt. Er begann hier mit der Kolonisierung und dem Zuckerrohranbau, etwas weniger erfolgreich als sein Kollege Zarco in Funchal, dessen Inselteil viel schneller an Reichtum und Bedeutung gewann. Vor der Kirche Igreja de Nossa Senhora da Conceição steht seit 1972 eine Statue, die Vaz Teixeira darstellt. Er blickt in eine Allee monumentaler Platanen, die an der Festung vorbei zum Strand hinabführt.

Ehe man das Badevergnügen in Machico genießt, sollte man die Atmosphäre dieses historischen Ortes in Ruhe auf sich wirken lassen. Der Kirchturm mit seinen dunklen Basaltsteinen hebt sich malerisch von der Bergkulisse ab, im Mai blühen die Jacarandabäume blauviolett. Rings um die Kirche pulsiert das Leben, und der zentrale Platz wird zu vielen Anlässen, im Frühsommer für das Blumenfest und im Dezember für die Weihnachtskrippe prächtig dekoriert. Beim Blumenschmuck sind der Kreativität dann fast keine Grenzen gesetzt, all die Girlanden und Blumenpyramiden bieten Fotomotive in Hülle und Fülle. Man spürt hier viel von der Identität der Insel und ihrer Bewohner, die liebevolle Dekoration ist nicht nur touristisches Kalkül. Etwas weniger bunt geht es im Park der Quinta gegenüber zu. Hier residiert die Stadtverwaltung – ihr Garten mit alten Palmen und fein nuanciertem Grün ist ein Juwel. Ein kleiner Spaziergang führt ins Fischerviertel auf die andere Flussseite. Dort steht die Kapelle der Wunder, die Capela dos Milagres, vermutlich die älteste Kirche Madeiras. Der Alltag ist hier so friedvoll und ruhig, dass man fast vergisst, wie stark auch Machico inzwischen touristisch geprägt ist. Seine historischen Sehenswürdigkeiten werden jedenfalls toll in Szene gesetzt, auch wenn das Strandleben die Bucht dominiert.

TIPP

Gegenüber der Festung warten die Tische des romantischen Restaurants Mercado Velho, in dem fein gekocht wird.

- Largo do Municipio, 9200-099 Machico
- ÖPNV: Bus 56, Bus 103, Bus 138, Haltestelle Centro de Machico

Sehnsucht unter Segeln

47 Ein Ausflug auf der Santa Maria de Colombo

Das Leben des Kolumbus ist auf Madeira ein großes Thema – kein Wunder, ist doch der Reichtum der Insel mit der transatlantischen Seefahrt und der Neuen Welt verbunden. Wer einmal wie zu Kolumbus' Zeiten in See stechen möchte, kann eine Tour mit der Karavelle Santa Maria buchen, benannt nach dem Flaggschiff der Flotte, mit dem Kolumbus 1492 nach Amerika segelte. Das Schiff wurde in der Werft in Câmara de Lobos nach dem historischen Vorbild gebaut, wobei das Vorbild nicht genau überliefert war und es keine Konstruktionspläne gab. So musste man bei den Maßen mit Näherungswerten vorliebnehmen, nicht einmal der Schiffstyp und die Takelage waren wirklich klar. Man geht davon aus, dass das Original ein Dreimaster mit fünf Segeln war.
An Bord des Seglers staunt man, wie zerbrechlich ein Schiff mit einer Länge von knapp 24 Metern, einer Breite von etwa 8 Metern und einem Tiefgang von 2,5 Metern wirkt. Eine Nussschale! Damals teilten sich 39 Mann Besatzung den begrenzten Raum, wochenlang. Die neue Santa Maria kreuzt 3 Stunden lang vor der Südküste vor Funchal. Bei starkem Seegang läuft sie nicht aus und für den Fall, dass gerade kein Wind die Segel bläht, ist sie mit einem Motor ausgestattet. Also, hinaus in die Weite des Atlantiks, das tiefblaue Wasser bewundern, die Romantik unter Segeln genießen, vielleicht große Meerestiere sehen! Und Funchal vom Wasser aus entdecken. Und sich noch einmal verzaubern lassen, von der elegant geschwungenen Bucht, den bunten Häusern entlang der Hänge, den steil aufragenden Bergen. Unvergesslich sind die Törns zum Sonnenuntergang, wenn sich der Himmel über dem Atlantik langsam rot färbt. Aber auch für die, die nicht aufs Meer hinauswollen, ist die Sichtung der Santa Maria eine Freude.
Die echte Santa Maria ist übrigens vor Haiti auf eine Sandbank gelaufen, ihr Holz wurde für den Bau von Hütten für die ankommenden Siedler verwendet. Sandbänke drohen vor Madeira eher nicht. Der Atlantik ist hier tief genug.

- Schiffsausflug mit der Santa Maria de Colombo, Praça do Povo, 9000-900 Funchal, Tel. +3 51 (2 91) 22 56 95 www.santamariadecolombo.com
- ÖPNV: Bus 01, Bus 02, Bus 04 u. a., Haltestelle Palácio São Lourenço

Insignia

Mittendrin und erholsam

48

Im Stadtgarten von Funchal

Hier ist es immer etwas kühler und wohltuend schattig. Das liegt an den hohen Bäumen, die vor knapp 150 Jahren aus Brasilien und Südafrika importiert und hier heimisch gemacht wurden. Inzwischen haben sie ein dichtes Blätterdach. Pflanzen aus fernen Regionen auf den europäischen Markt zu bringen, zählte zu den wirtschaftlichen Anreizen der Seefahrt.

Der heilige Franz von Assisi soll die Natur geliebt und sogar die Sprache der Vögel verstanden haben. Dass im Stadtgarten von Funchal alles so gut gedeiht, liegt vielleicht daran, dass es an dieser Stelle einst ein Kloster des Franziskanerordens gab. Mitte des 19. Jahrhunderts wurde das Kloster aufgelöst und das ganze Gelände um die heutige Avenida Arriaga neu angelegt, mit dem Stadttheater und dem Santa-Catarina-Park auf der Südseite und dem Stadtgarten auf der Nordseite. In ganz Europa begann die Zeit der romantischen Gärten, und in Funchal entstanden einige der schönsten Beispiele, Gärten mit exotischen Pflanzen, die eine geheimnisvolle und verträumte Stimmung ausstrahlen, staunen lassen und Sehnsüchte wecken. Das sprudelnde Wasserbecken gehört ebenso zum romantischen Konzept wie das kleine Amphitheater. Die Wege im 8300 Quadratmeter großen Garten bestehen aus dunklen Kieselsteinen, die das Meer glatt geschliffen hat. Der größte Schatz sind die Bäume mit ihren dicken Stämmen, die an Elefantenbeine oder Kalebassen erinnern, mit bizarren Früchten und einer überschäumenden Blütenpracht. Darunter wächst ein bezauberndes Durcheinander von Blütenpflanzen. Zweimal in der Woche werden im Stadtgarten Stände für einen kleinen Bastel- und Handarbeitsmarkt aufgebaut. Bänke laden zum Ausruhen ein. Wer keine Eile hat, kann Teil des gemächlichen Treibens werden, zuschauen, wie die alten Herren Domino spielen, oder sich ein Konzert im Amphitheater anhören. Und dann die Rua de São Francisco hinaufschlendern und die malerischen Straßen der Oberstadt entdecken.

TIPP

Lust auf Kaffeehaus-Nostalgie? Das Café do Teatro gegenüber ist herrlich old-style.

● Jardim Municipal do Funchal, Rua Conselheiro José Silvestre Ribeiro 39–21, 9000-050 Funchal

● ÖPNV: Bus 01, Bus 02, Bus 04 u. a., Haltestelle Paláçio São Lourenço

Glück mit Brautschleier

49 Die Strände und Wasserfälle bei Seixal

Seixal ragt an Madeiras Nordküste ins Meer wie eine Tatze mit fünf Krallen, und zwischen den Krallen verbergen sich jeweils Strände mit schwarzem Sand und türkisfarbenem Wasser. Natürliche Badebuchten wie die Praia da Laje sind lockende Ausnahmen in einer Welt der befestigten Badeanlagen. Die Fahrt auf der Küstenstraße ab Porto Moniz gehört zu den landschaftlichen Höhepunkten auf der Insel, auch wenn viele Tunnel durchquert werden müssen. Die alte Küstenstraße ist nicht mehr befahrbar, dort liegen große Felstrümmer auf dem Asphalt. Seixal ist ein Weinbauerndorf, die Weinterrassen leuchten grün an den Hängen. Hier gedeihen in Steillagen die mühevoll von Hand gelesenen Trauben des Sercial-Weins mit ihren kleinen, duftigen Beeren. Dank eines hohen Säureanteils erbringt diese Traube einen besonders trockenen Madeirawein.

Das Dorfzentrum liegt auf dem Tatzenplateau, doch die Häuser ziehen sich weit ins Tal des Ribeira do Seixal, der als Sturzbach aus den Bergen kommt. Überhaupt ist der kleine Ort für die phänomenalen Wasserfälle in seiner Umgebung bekannt. Eine wasserundurchlässige Gesteinsschicht bewirkt, dass sich das Regenwasser von der Hochebene sammelt und bei Gelegenheit herausstürzt, nach langem Regen durchaus heftig. Auf dem Weg nach São Vicente gibt es drei große Wasserfälle, darunter die Cascata do Córrego da Furna, die 145 Meter hoch ist und von Outdoor-Abenteurern als Kletterstrecke geschätzt wird: Wasserfallklettern ist die neue Trendsportart auf Madeira. Ungefährlicher ist es, wenn Einheimische einen Wasserfall dazu nutzen, um ihr Auto darunter zu waschen. Ein Highlight an der Küstenstraße ist der Wasserfall Véu da Noiva, „Schleier der Braut", der sich von einer Klippe direkt ins Meer ergießt. Von dem Aussichtspunkt, der etwa 1 Kilometer östlich von Seixal an der ER101 liegt, sieht man ihn besonders gut. Ein Glücksort? Hochzeitswillige Paare sind davon überzeugt und halten hier auf jeden Fall an. Ein Selfie mit Brautschleier bringt Glück und hat garantiert Symbolkraft.

TIPP

Canyoning, Schluchtenwandern oder Wasserfallklettern bietet der Veranstalter Casa Vento Madeira an.

● Cascata do Véu da Noiva, Ausblick vom Miradouro do Véu da Noiva, Antigo Traçado da ER101, Seixal

Lido mit Livemusik

50

Ein Abend in der Porka-Bar

Entlang der Estrada Monumental reihen sich Funchals noble Hotels aneinander und die Stadt erweckt den Eindruck eines Seebades. Die Hotels tragen oft „Palace“ oder „Grand“ im Namen und sind von weitläufigen Parks umgeben, die mit dem öffentlichen Bereich der Frente Mar verschmelzen. Manche Hotels verfügen über eigene Restaurants und Badezonen, doch so bequem das sein mag – manchmal sehnt man sich nach etwas Kleinem, das Abwechslung im großen Tourismusbetrieb verspricht.

Der Lido ist ein beliebter Treffpunkt. Hier wimmelt es von Bars und Strandlokalen, Eisdielen und Fischrestaurants, in denen man schnell und einfach oder auch teuer, raffiniert und romantisch speisen kann, umgeben von Palmen und mit dem Sonnenuntergang im Blick. Wer eine weniger touristische Alternative zum Treiben am Lido sucht, wird die Porka-Bar in einer Querstraße, die den Lido mit der Estrada Monumental verbindet, richtig nett finden. Der Name ist Programm, serviert werden Gerichte vom Schwein, krosse Rippchen oder knusprige Burger, auf den Punkt gegrillt. Falls man keinen großen Hunger hat, entscheidet man sich für das Porchetta-Sandwich, auch das ist köstlich, souverän gewürzt und ein bisschen frech, wie das Ambiente in der Bar. Die Botschaft: Man kann nicht immer bunte Früchte essen! Und auch nicht immer Fleischspieße oder Degenfisch mit Banane, möchte man hinzufügen. Die Cocktailauswahl ist grandios, der Service herzlich und das Essen macht gute Laune. Selbstverständlich ist vegetarisch ebenfalls eine Option, die Salate mit Guacamole sind knackig-frisch, das Gemüse erscheint in knusprigen Panaden. Überhaupt muss man hier nichts essen. Man kann einfach nur kommen, um Bier zu trinken und der Musik zuzuhören. Der Gitarrist arbeitet mit einem Loop-Generator, spielt Lieblingssongs von Blues bis Reggae und macht die tollsten Impros. Die Bar ist auch ein guter Ort für Alleinreisende. Nicht lange und man gehört dazu, fühlt sich verstanden, ordert vielleicht einen Gin, und der Abend gewinnt an Tiefe.

- Porka, Rua de Leichlingen, 9000-003 Funchal
- ÖPNV: Bus 02, Haltestelle Lido

PORKA
HENDRICK'S

La vie en rose

51 Im Garten der Quinta da Serra

Blau leuchten die Blüten der Agapanthus-Lilien, die auch Liebeslilien genannt werden. Tausende von ihnen breiten sich im Schatten der uralten Parkbäume aus. Ein Brunnenbecken ist mit Azulejos eingefasst, Zedern, Lorbeer und Platanen spenden wohltuende Kühle. Die Quinta da Serra liegt im Dorf Jardim da Serra in den Bergen oberhalb von Câmara de Lobos. Sie gehörte ehemals dem britischen Konsul auf Madeira, Sir Henry Veitch, der mit seinem Madeirawein-Geschäft ein Vermögen verdient hatte. Die Geschichte der Quinta reicht also in die Zeit der Romantik zurück. Zahllose Legenden ranken sich um die Person des Konsuls, darunter eine über eine ortsansässige junge Frau, die als Gärtnerin auf der Quinta arbeitete. Es heißt, sie habe einen Eukalyptusbaum gepflanzt und diesem all die Liebe geschenkt, die sie in Wirklichkeit nicht ausleben durfte. Dazu auch alle ihre Tränen, und so sei der Baum ungewöhnlich kräftig in die Höhe geschossen. Mit 64 Metern gilt er heute als höchster Baum auf Madeira und wächst immer noch weiter. Natürlich haben wir es hier mit einer Geschichte zu tun, doch dieser Eukalyptus ist unbestritten ein Glücksbaum: Viele Menschen fühlen eine besondere Energie, wenn sie sich an ihn schmiegen. Zum Umarmen ist er viel zu umfangreich.

Die alte Quinta mit ihren Mauern, Kolonnaden und Geländern ist ein knallig rosafarbenes Gesamtkunstwerk. Beeindruckend ist auch, dass sich das Hotel als Vorreiter der Umweltverträglichkeit versteht. Das erlebt man bei der Produktauswahl der wunderbaren Küche, dem Cidre aus alten Apfelsorten, aber auch bei der Energieerzeugung und der Wasseraufbereitung. Das gesamte landwirtschaftliche Gebiet um die Quinta wird nachhaltig bewirtschaftet. Hier gedeihen Obstbäume, Gemüse und Trauben, aus denen Madeirawein gekeltert wird. Die Waldflächen werden grundsätzlich mit Pflanzen des Lorbeerwalds aufgeforstet, sodass hier eines Tages vielleicht wieder Lorbeer anstelle von Eukalyptus wachsen wird.

● Hotel Quinta da Serra, Estrada do Chote 4, Jardim da Serra,
9325-140 Câmara de Lobos, Tel. +3 51 (2 91) 64 01 20
www.hotelquintadaserra.com

Himmlisch inspirierend

52

Das Museu de Arte Sacra in Funchal

Wer sich gern überraschen lässt, kann ziellos durch die Straßen von Funchal treiben und wird immer neue Eindrücke, Farben und Emotionen aufnehmen. Früher oder später gelangt man zum Rathausplatz Praça do Município, im Wellenmuster gepflastert und von einem barocken Gebäude-Ensemble umgeben. Es wäre schade, jetzt nicht das Museu de Arte Sacra zu besuchen, das sich gegenüber der Jesuitenkirche im ehemaligen Bischofspalast befindet, eine Schatzkammer der Insel. Der Wohnsitz des Bischofs wurde später zum Gymnasium. Im Treppenhaus ist die historische Pflasterung noch erhalten, die Gymnasiasten scheinen sorgsam gewesen zu sein. Hier kann man religiöse Kunst aus fünf Jahrhunderten bewundern, Spätmittelalter und Barock sind besonders vertreten. Altäre, Skulpturen und silberne Tabernakel sind unerwartet modern präsentiert, sehr gut erklärt und herzergreifend schön. Man versteht die Insel besser und kann sich vorstellen, woher die Menschen die Kraft schöpften, die sie im Alltag nötig hatten. Denn so schön Madeira ist, so bedrohlich ist oft die Natur und so wichtig die Hoffnung auf göttlichen Schutz. Prächtige Altarbilder des flämischen Goldenen Zeitalters, die im Tausch gegen Rohrzucker kamen, Schnitzereien und Kultobjekte aus Silber zeigen, wie stark die Identität der Insel vom Glauben geprägt ist. Die Heiligenverehrung kann man bei manchen Objekten geradezu körperlich spüren. Die Figuren, die in ihrem Umfeld Hoffnung und Trost gespendet haben, sind so schwerelos und heiter präsentiert, dass man oft lächeln muss.

Und dann kommt das Beste: der Aussichtsturm, von dem man das Meer sehen kann. Aus der Pracht der rot und dunkel gehaltenen Museumsräume tritt man in den hellen blauen Tag hinaus. Die Wände des Turmzimmers sind mit barocken Azulejos ausgeschmückt, die Allegorien von Glaube, Liebe und Hoffnung darstellen. Es lohnt sich, hier alles ein wenig genauer zu betrachten.

TIPP

Im Museumscafé kann man in angenehmer Atmosphäre Kaffee und Snacks genießen.

- Museu de Arte Sacra do Funchal, Rua do Bispo 21, 9000-073 Funchal, Tel. +351 (291) 228900, www.masf.pt
- ÖPNV: Bus 01, Bus 02, Bus 04 u. a., Haltestelle Palácio São Lourenço

Abendlicht über dem Ozean

53 Das Hotel Jardim Atlantico in Prazeres

Prazeres ist ein liebenswertes Dorf im Südwesten Madeiras, wo das Leben noch seinen traditionellen Lauf geht. Das neueste Gebäude ist das Cidre-Haus, hier werden Äpfel aus den Gärten zum Mosten hingebracht. Das Licht der Südwestküste ist besonders warm und nimmt zum Abend hin glühende Farbtöne an. Manchmal wird behauptet, die Südwestküste sei unspektakulär, weil hier keine kunsthistorischen Schätze zu finden seien. Doch genau das macht sie liebenswert. Das Dorfleben ist authentisch und in Bars wie Restaurants treffen sich Wanderer und Einheimische.

Wer es mondäner mag, trifft sich zum Sundowner auf der Terrasse des Hotels Jardim Atlantico. Es liegt mit seinem weitläufigen Garten am Rand von Prazeres, wo die Straße etwa 500 Meter über dem Meer endet. Wenn die Sonne im Atlantik versinkt oder hinter eindrucksvollen Wolken verschwindet, spürt man Glück und Wehmut zugleich, ein romantisches Stimmungsgemisch. Wer am nächsten Tag noch keine Pläne hat, kann direkt im Garten, auf dem windungsreichen Wanderweg PR19 loswandern, der zunächst sanft und dann immer steiler durch das schmale Tal in das alte Fischerdorf Paul do Mar an der Küste führt. Der Blick auf das türkisblaue Wasser, die warmen Farbtöne der Felsen und die stattlichen Sukkulenten ist göttlich und der Mühe wert, auch wenn das Gekraxel über viele Stufen anstrengend sein kann. Die Hotelbesitzer kümmern sich um den Weg und halten ihn begehbar, sie zeigen auch sonst Engagement für die Ausarbeitung von Wanderwegen in der noch wenig besuchten Region. Früher galt Paul do Mar als Ende der Welt, eingezwängt zwischen Ozean und steil aufragendem Fels; der Ort war auf einer schwindelerregenden Serpentinenstraße von Prazeres aus nur mühsam erreichbar. Und der alte Küstenweg zwischen Jardim do Mar und Paul do Mar war gefürchtet, weil dort immer wieder Steinschläge drohten. Heute gibt es einen Tunnel: Nach einer köstlichen Fischmahlzeit kann man sich bequem mit dem Taxi abholen lassen, um nach Prazeres zurückzugelangen.

● Hotel Jardim Atlantico, Caminho Lombo da Rocha 1, Prazeres, 9370-612 Calheta, Tel. +3 51 (2 91) 82 02 20, https://hoteljardimatlantico.com-hotel.com

Wunderwelt der Bäume

54 Der Palheiro-Garten oberhalb von Funchal

Ein Januartag: Der Passatwind türmt Wolken an den Berggipfeln auf, doch der Himmel über Palheiro ist makellos blau. Die alten Platanen treiben aus, die Kamelien stehen schon in voller Blüte. Das Licht ist österlich klar und die Luft so frisch und prickelnd, dass einem ganz leicht ums Herz wird. Unfassbar lichtdurchflutet ist dieser Tag auf den Hügeln bei Funchal.

Palheiro Gardens, auch Blandys Garden genannt, gilt als der schönste Landschaftsgarten der Insel. Das weitläufige Anwesen liegt etwa 500 Meter über dem Meer. Hier kann man einen ganzen Tag verbringen und wird immer Neues entdecken. Im Januar blühen strauchhoch die Weihnachtssterne, nicht weit entfernt Narzissen. Die Wiesen sehen nach Ostern aus. Es blühen Magnolien und Rosen, es blühen die auffälligen Strelitzien und Wolfsmilchgewächse, es blüht und grünt und wuchert, wächst und schlägt aus – wenn es eines Beweises für den ewigen Frühling auf Madeira bedarf, findet man ihn hier. Die Kunst des Gärtners besteht darin, alles anzuordnen, Strukturen zu schaffen, die jeder Pflanze gerecht werden. Das geschieht mithilfe der hohen Bäume: Sequoias, Drachenbäume, Yuccapalmen und Exoten aus allen Teilen der Welt. Zum Beispiel der Pau Brasil, ein Baum mit rotem Holz, aus dem Geigenbögen gefertigt werden. Oder afrikanische Tulpenbäume, ein uralter Kampferbaum, riesige Maiglöckchenbäume … Wer mag, nimmt am Eingang eine Liste der besonderen Bäume mit und sucht sie der Reihe nach auf. Sie stehen auf sonnenbeschienenem Rasen und sehen so friedlich aus! Ach, und da sitzen auch die Osterküken in ihren Eierbechern … nein, es sind Pfauen, die früher einmal wild hier lebten. Im Garten gibt es Areale von großer Formstrenge wie die kunstvoll geschnittenen Buchsfiguren, aber auch wild zerklüftete Areale, gerade diese Abwechslung macht den besonderen Reiz aus. Eine Schlucht durchzieht das Gelände. Auch hier blühen die Kamelien, die der Graf Conde de Carvalhal einst als Windschutz pflanzte. Üppig ist der Winter auf Madeira!

● Palheiro Gardens, Caminho da Quinta do Palheiro 32, São Gonçalo, 9060-255 Funchal
www.palheironatureestate.com/palheiro-gardens
● ÖPNV: Bus 37, Haltestelle QTA Palheiro Blandy

Prachtvolle Holzarbeit

55

Die Jesuitenkirche in Funchal

Viele Fenster und drei hohe Portale gliedern die geometrische Fassade zum Rathausplatz und bilden ein unfassbar schönes Bild. Wer eintritt, wird staunen: Die Jesuitenkirche ist die prächtigste Kirche auf Madeira. Ein goldener Schimmer liegt über dem ganzen Innenraum. Bilder aus blauweißen Azulejos wechseln mit beeindruckenden Altaraufsätzen, illusionistischen Wandmalereien, Reliquiaren und Gemälden voller bewegter Leidensszenen. Ein überwältigender Raumeindruck, mit einem Wort: Barock. Die Kirche, die einst dem Jesuitenorden gehörte und heute der Universität, strahlt Grandiosität aus. Ihre Gestaltung fällt in eine Zeit, als das Spiel mit Volumen und Effekten künstlerisch im Vordergrund stand. Im Jahr 1647 wurde der Sakralbau fertiggestellt. Es hilft, sich das Spielerische bewusst zu machen, die sichtbare Freude an Perspektive und Raum. Die Welt des Barock ist bunter und plastischer als die Epochen zuvor. Alles staffelt und wölbt sich, selbst die flächigen Fliesen stellen dreidimensionale Architekturelemente dar. Und doch ist die Gefahr groß, von der Pracht des Raumes erdrückt zu werden. Waren es nicht die Jesuiten, die Vollkommenheit durch Armut, Ehelosigkeit und Gehorsam zu erlangen suchten? Nach Armut sieht es hier gewiss nicht aus. Die vergoldeten Schnitzereien der Altäre sind typisch für den Barockstil aus dem Norden Portugals. *Talha dourada* heißt die Technik, bei der zunächst Formen aus Holz geschnitzt und anschließend mit Gold überzogen wurden. Die Technik passte sich jedem Zeitgeschmack an und war günstiger als Skulpturen oder Malerei. Da die benötigte Goldmenge gering war, blieben zudem die Kosten relativ überschaubar. Allerdings war Holz nötig, auf Portugiesisch *madeira*. Ein schönes Wort, der Name der Insel! Bevor die Siedler hier ankamen, war die ganze Insel einmal von Wäldern bedeckt. Heute wird Madeira oft Blumeninsel genannt, und die ursprünglichen Wälder sind geschrumpft. Umso mehr sollten wir das unsichtbare Holz unter dem Goldfilm würdigen.

TIPP

Die Besteigung des Kirchturms kostet 1 Euro und bietet einen weiten Ausblick im hellen Licht.

● Igreja de São João Evangelista do Colégio do Funchal, Largo do Colégio, 9000-000 Funchal, www.diocesedofunchal.com
● ÖPNV: Bus 01, Bus 02, Bus 04 u. a., Haltestelle Palácio São Lourenço

Stufenweise gute Vibes

56

Bummel durch Jardim do Mar

Orte auf Madeira, die das Wort *jardim*, Garten, im Namen tragen, sind wie ein Versprechen. Die kleine Gemeinde Jardim do Mar ist tatsächlich ein Garten am Meer, durch den man spazieren kann, denn für Fahrzeuge ist das treppenreiche Terrain wenig geeignet. Eine Galeriestraße führt in den Ort und erinnert an die einstigen Gefahren durch Steinschlag, Überflutung und Wasserstürze, denen die Bewohner ausgesetzt waren. Am Hauptplatz ist die Fahrt zu Ende, weiter geht es über Stufen. Alles hier ist gestaffelt, auch zum Meer führen Treppenstufen. So spaziert man gemächlich herum und bewundert die üppigen Gärten, wo Monstera, Bananen, Palmen und tropische Pflanzen, die in Mittelamerika beheimatet sind, neben Weinreben und Rosen stehen. Dank der vielen Sonnenstunden, der Feuchtigkeit vom Atlantik und der Wärme, die der Fels abstrahlt, gedeiht die Vegetation prächtig.

TIPP

Das Fischrestaurant Tarmar hat den Ruf, das beste in der Region zu sein.

Eingezwängt zwischen senkrecht aufragenden Felsen und dem Ozean galt Jardim do Mar – ebenso wie der Nachbarort Paul do Mar – lange als das Ende der Welt. Heute sorgt die Abgeschiedenheit für Gemütlichkeit. Die Treppenstufen sind mit Blumentöpfen geschmückt, Katzen halten eine Siesta auf den schattigen Stufen. Entlang der Uferpromenade blickt man auf das smaragdgrüne Wasser des Ozeans. Wenn das Meer ruhig ist, erinnert es ans Mittelmeer. Doch Reihen von Wellenbrechern lassen keinen Zweifel aufkommen, dass die Brandung stark sein kann. Oft kommt der Atlantik in langen Wellen angerollt, die besonders Surfer glücklich machen. Trotz aller Ruhe hat der Ort lebhafte Seiten, weil die Bars und Kneipen sich auf die Bedürfnisse junger Menschen eingestellt haben. Das Fehlen großer Hotels zählt auch zu den Annehmlichkeiten, hier übernachtet man in Pousadas und Gästehäusern. Treppen führen wiederum zum hübschen Aussichtspunkt Moinho das Roseiros oberhalb des Ortes, eine historische Wassermühle mit Bänken. Hier liegt der Einstieg für den PR20, den steilen Weg nach Prazeres: Dorthin könnte man wandern, wenn die Mittagshitze nachgelassen hat.

● Promenade und Aussichtspunkt Moinho das Roseiros, 9370-411 Jardim do Mar

Himmlisches Blau

57 Azulejos in Funchal aufspüren

Portugalreisende sind fasziniert von den berühmten Kacheln, die besonders im Norden in großem Stil Flächen schmücken. Auch in Funchal sind sie aus dem Straßenbild nicht wegzudenken. Wenn man das Wort Azulejo hört, denkt man spontan an Azur, die blaue Farbe des Himmels, oder sieht das Meer vor sich. Tatsächlich kommt der Name aber aus dem Arabischen und bedeutet „kleiner, polierter Stein". Gemeint sind glasierte, wetterfeste Fliesen, die sehr haltbar sind und Jahrhunderte überdauern können. Diese Kunst entstand in Persien und gelangte von dort über den arabischen Raum mit den Mauren bis nach Spanien und Portugal.

In Funchal begegnet man ihnen auf Schritt und Tritt, traditionell oder modern interpretiert, zu Bildern und Mustern zusammengesetzt. Wunderschöne Azulejos befinden sich am Eingang der Markthalle, in der Kirche Igreja de São Pedro, im Konvent der Klarissinnen, in der Igreja do Colégio und im Innenhof des Rathauses. Es gibt ein eigenes Museum für die Geschichte der Azulejos im Museum Frederico de Freitas und eine beeindruckende Sammlung antiker portugiesischer Azulejos im Tropischen Garten in Monte. Die heitere Ausstrahlung der Azulejos tut einfach gut. Wer sich in ihren Anblick verliebt hat, sollte beim Stadtbummel eine längere Pause im Café Ritz neben dem Theater einlegen. Das zweistöckige Gebäude mit den filigranen Balkonen und dem Charme der Belle Époque ist üppig mit glasierten Bildern geschmückt, die alte Handwerkskunst auf Madeira darstellen. Da sind Korbflechter und Sänftenträger, Landfrauen und Spitzenstickerinnen zu bewundern, deren Tätigkeiten über Jahrhunderte die Identität der Insel geprägt haben. Azulejos gehören zu Portugal wie der Wein, der Kaffeegenuss und süße Torten, und hier kommt alles zusammen: Das Café Ritz beglückt mit Kaffeehausatmosphäre unter schattigen Platanen, dem betriebsamen Alltag auf der Prachtstraße und köstlicher Maracujatorte.

- Azulejos im The Ritz Madeira, Avenida Arriaga 33, 9000-060 Funchal
  www.theritzmadeira.com
- ÖPNV: Bus 01, Bus 02, Bus 04 u. a., Haltestelle Palácio São Lourenço

RITZ
ITALIAN
RITZ
MADEIRA WINE
THE RITZ
www.madeira-web.com
www.madeira-live.com

Kostbare Nadelstiche

58 Das Stickereigeschäft Bordal in Funchal

Stich an Stich, ganz eng, mit weißem Garn auf weißem Grund, und immer langsam voran: Geduld ist der zweite Faden der Stickerinnen. Die kunstvolle Weißstickerei aus Madeira ist kostbar und weltberühmt. Früher gehörten stickende Frauen, die vor dem Haus saßen und mit schnellen Handbewegungen eine Nadel durch feinen Stoff führten, zum Alltagsbild in den Dörfern. Heute sieht man sie nur noch selten. Einige Stickereihäuser wie das Unternehmen Bordal im Zentrum von Funchal erhalten die Tradition jedoch am Leben, bewahren das handwerkliche Können und die außergewöhnlichen Designs. Bettwäsche, Taufkleider, Tischdecken – die aufwendige Verzierung mit Spitzen war einst ein Zeichen von Wohlstand und stand für Dauerhaftigkeit, bevor die Wegwerfmentalität einsetzte. Heute werden Stickereien oft als Tischschmuck und für die Weihnachtsdekoration verwendet. Stickerei ist auf Madeira in jedem Haus zu finden, wird wertgeschätzt und vererbt. Bei einem Rundgang durch die Schatzkammer der Madeira-Stickerei in Funchal lernt man, warum das so ist. Viele Arbeitsschritte außer der Nadelarbeit sind nötig: Der Musterentwurf wird mit einer Art Nähmaschine ohne Faden auf ein transparentes Papier übertragen. Lauter winzige Löcher erscheinen als Muster auf dem Papier, das nun auf den Stoff gelegt und mit einer blauen Spezialtinte bestrichen wird, um die Musterlinien auf den Stoff zu übertragen. Die Stickerinnen holen diesen Stoff ab und fertigen zu Hause die Stickerei an, doch damit ist die Arbeit noch längst nicht getan. Jetzt wird die blaue Farbe ausgewaschen, der Stoff gebügelt und in Form gebracht. Bloß nichts verwischen oder mit rauen Händen anfassen! Die Bögen entlang der Ränder werden mit einer scharfen Schere ausgeschnitten. Wie fein diese Handarbeiten sind, sieht man in der historischen Sammlung des Hauses Bordal: Kragen für Chanel, Kollektionen für Taufen, Kommunionen, Hochzeiten … Was man hier erwirbt, ist echte Handarbeit, das fühlt man und das sieht man.

TIPP

Schöne Stickereien gibt es auch auf dem Flohmarkt von Santa Luzia (letzter Sonntag im Monat).

● Bordal – Bordados da Madeira, Rua Dr. Fernão Ornelas 77, 9050-021 Funchal. Tel. +351 (291) 22 29 65, www.bordal.pt

BORDAL
BORDADOS DA MADEIRA

Glück zum Betreten

59 Calçada portuguesa in Funchal entdecken

Der Eindruck des Exotischen in Funchal entsteht auch durch etwas, was nicht gleich bemerkt wird, weil es uns zu Füßen liegt: das kunstvolle schwarz-weiße Straßenpflaster, auf Portugiesisch *calçada portuguesa.* Licht und Schatten, starke Kontraste und schwindelerregende Effekte wie bei dem Design Mar Largo („weites Meer“) gehören zu Portugal und sind auch auf Madeira präsent. Wellen schmücken den Rathausplatz in Funchal, die Avenidas sind in ganzer Länge schwarz-weiß gepflastert und selbst in den kleinsten Dörfern findet sich Pflasterkunst. Generell gilt aber: Je wichtiger der Ort, desto aufwendiger die Muster. Im Jahr 1515 gelangte ein Panzernashorn nach Lissabon, als Geschenk eines indischen Sultans an den Seefahrer und Eroberer Alfonso de Albuquerque. Es sollte durch die Hauptstadt geführt und bestaunt werden. Nun bestanden die Straßen damals aus Lehm, der sich bei Regen in Schlamm verwandelte. Damit das Tier nicht versank, veranlasste Manuel I., die Wege extra für das Nashorn zu pflastern. Und weil die Nashorn-Show ein großer Anlass war – der König hatte Geburtstag –, wurde das Pflasterwerk nach künstlerischen Vorgaben ausgeführt. Das schwarz-weiße Pflaster verwandelte sich bald in ein portugiesisches Exportgut. Überall in der Welt, von Brasilien bis Angola und Macau, sind Straßen und Plätze in dieser kunstvollen Weise befestigt.

Die Quader aus weißem Kalkstein und schwarzem Basalt vereinen Schönheit und Kunstfertigkeit. Traditionell gibt es sie in vier verschiedenen Abmessungen: 4 Zentimeter Kantenlänge haben die kleinsten, *miudinhas,* und 13 Zentimeter die größten, *grossa.* Die Ausbildung zum *Calçeteiro* dauert 18 Monate. Und die Pflastertechnik glänzt auch mit Nachhaltigkeit: Starkregen kann durch die Ritzen abfließen, Bäume biegen mit ihren Wurzeln das Pflaster auf, sodass es gleich noch plastischer wirkt. Keiner weiß, wie viele Motive, teils auch aus der Madeira-Stickerei, in Funchals Straßen zum Einsatz gekommen sind. Doch es lohnt sich unbedingt, sie zu betrachten.

- Calçada Portuguesa, besonders schön: Avenida do Mar, Avenida Arriaga und Praça do Município, 9000-082 Funchal
- ÖPNV: Bus 01, Bus 02, Bus 04 u. a., Haltestelle Paláçio São Lourenço

Im tiefen Blau

60 Wale und Delfine beobachten

Auf Madeira ist der Weg zu den Walen und Delfinen im Ozean nie allzu weit, denn die Insel liegt an einer Wanderroute der Wale. Traurigerweise war Walfang noch im 20. Jahrhundert ein Wirtschaftszweig, dem jährlich etwa 5000 der Meeressäuger rund um die Insel zum Opfer fielen. Zum Glück sind diese Zeiten vorbei. Heute schätzen die Menschen sich glücklich, wenn sie die spektakulären Tiere in ihrem Element beobachten können, für viele ein einmaliges Erlebnis. Die meisten Bootstouren starten in Funchal oder Calheta in Richtung Südwesten, wo der Meeresboden rasch in 4000 Meter Tiefe abfällt.

An der gesamten Südküste, von Caniçal bis Paul do Mar, sind Meeressäugetiere häufig unterwegs, darunter auch die verspielten und neugierigen Rauzahndelfine. Die Tiere mit den schnittigen Rückenflossen begleiten die Boote oft und erlauben sogar, dass man mit ihnen schwimmt. Wer sich zu einer Tour entschließt, hat gute Chancen, zumindest Delfine zu sehen. Der Zufall muss natürlich mitspielen, und das Wetter – bei zu hohem Wellengang wird die Tour verschoben. Die meisten Anbieter gehen verantwortungsvoll mit den Tieren um, respektieren ihre Gewohnheiten und ihren Lebensraum. Es ist ziemlich spannend, auf das gleichförmige, leicht gewellte Wasser zu schauen und das Glücksgefühl, wenn ein Wal oder eine ganze Gruppe Delfine auftaucht, ist unbeschreiblich.

Neben den Rauzahndelfinen sind Große Tümmler und Kurzflossen-Grindwale häufig, auch Pottwale, die bis zu 16 Meter lang werden können. Die gigantischen Finnwale mit bis zu 25 Metern Länge sieht man schon seltener, sie haben aufgrund ihres Wanderverhaltens im Oktober, November und Dezember Hochsaison. Auch Meeresschildkröten schwimmen mitunter neben den Booten mit. Die Sichtungsquote ist hoch, die Meeresfauna erfreulicherweise wieder artenreich. Mehrere Veranstalter entlang der Hafenpromenade in Funchal, aber auch im Südwesten der Insel bieten die geführten Touren an.

TIPP

Die Waltour von Lobosonda auf einem traditionellen Einmaster mit Start in Calheta ist ein besonderes Erlebnis.

- OceanSee Whale Watching/VMT Madeira Catamaran Tours, Praça do Povo, 9000-900 Funchal, www.oceansee.net, www.vmtmadeira.com
- ÖPNV: Bus 01, Bus 02, Bus 04 u. a., Haltestelle Palácio São Lourenço

Für zarte Pflänzchen

61 Der Botanische Garten von Prazeres

Dieser Duft nach Wald und Kräutern, diese klare Bergluft! Und morgens krähen die Hähne ... Prazeres liegt 600 Meter über dem Meer und gilt als madeirisches Musterdorf. Die hübsche Kirche bildet das soziale und kulturelle Zentrum des Ortes. Das Gemeindehaus heißt Quinta Pedagógica und ist von einem weitläufigen Garten umgeben, in dem Umweltprojekte für den ländlichen Raum entwickelt werden. Ein Teil davon ist der Jardim Botânico Pequeno. Hier gilt die Aufmerksamkeit nicht den exotischen Wunderblumen, sondern den oft unscheinbaren Gewächsen, die ursprünglich auf der Insel verbreitet waren: zum Beispiel der zarte Madeira-Storchschnabel, die Madeira-Riesenglockenblume oder der Madeira-Fingerhut. Der Anspruch ist auch, das Wissen über die traditionelle Heilkunde zu bewahren. Auf Madeira gibt es aktuell den Trend, sich auf das Einheimische zu fokussieren – sehr verständlich, denn Klimaveränderungen und Trockenheit sind unmittelbar an den Verlust des Lorbeerwalds gekoppelt. Bei einer Führung mit der Pharmazeutin Antje Uhlemann, die den Garten 2017 angelegt hat und ihn seither kenntnisreich und mit Leidenschaft betreut, lernt man die Schönheit der einheimischen Pflanzen kennen. Sie hat botanische Raritäten versammelt, die die ursprüngliche Flora der Insel in drei Vegetationszonen zeigen: Lorbeerwald, Heidewald sowie Hochgebirge und Küste. Selten hat man Gelegenheit, Pflanzen so engagiert erklärt zu bekommen wie bei diesen Führungen. Dann verweilt man noch im Schatten der alten Lorbeerbäume in der Casa do Chá, in der man Kräutertee und selbst gebackenen Kuchen probieren kann. Während im Streichelzoo Esel mit Gänsen streiten und Hähne lustig krähen, versteht man hier im Garten, dass großer persönlicher Einsatz das Gemeindeleben lebendig hält. Die Projekte zur Bildungsarbeit für mehr Umweltbewusstsein und Nachhaltigkeit werden von der Kirchengemeinde betreut. Und wenn man jetzt auf seinen Wanderungen einheimische Pflanzen entdeckt, ist das ein besonderes Glück.

Jardim Botânico Pequeno, Quinta Pedagógica Prazeres, Rua da Igreja 3,
9370-626 Prazeres, Tel. +351 (2 91) 82 22 04
www.jardim-botanico-pequeno.com

OLIVEIRA-BRAVA
Olea maderensis
Oleaceae

Hoch hinaus

62 Die Bergwelt des Pico do Areeiro

Der Pico do Areeiro ist der dritthöchste Gipfel des zentralen Gebirgszuges. Man erkennt ihn leicht an der weißen Kugel der Radarstation unmittelbar neben der Bergspitze. Eine windungsreiche Straße führt vom Poiso-Pass bis fast ganz oben. Der Pico do Areeiro ist ein Berg, der befahren werden kann, und so ist das Hochgebirgserlebnis nicht zwangsläufig mit Wanderschuhen verbunden. Es ist ein Glücksmoment, den Atem der rauen Bergwelt zu spüren, die sich unvermittelt auftut, die zerklüfteten Felsen vor Augen. Hier weht der Wind frisch um die Ohren und treibt Wolkenfetzen in die Täler unterhalb der Gipfel. Die Stimmung ist beinahe mystisch und sehr berührend, weil Ewigkeit und Vergänglichkeit so unfassbar nah beieinanderliegen. Wenn der Himmel grau ist, scheinen die Stechginstermatten umso stärker zu leuchten.

Am Pico do Areeiro beginnt der Wanderweg PR1 entlang der Nordflanke zum Pico Ruivo, eine spektakuläre Kraxelei durch die einzigartige Bergwelt über schmale Grate und steile Felsstufen. Dies ist eine Wanderung ohne Rundkurs, für die einfache Wegstrecke sollte man etwa 3,5 Stunden einplanen. Da der Rückweg vom Pico Ruivo zurück zum Parkplatz am Pico do Areeiro noch einmal so lange dauert, sollte man rechtzeitig entscheiden, ob man einfach wieder umkehrt. Dabei immer Tageslicht, die eigene Kondition und das Wetter beachten und sich nicht unter Druck setzen! Viele Wanderer kommen vor Sonnenaufgang an, um zu erleben, wie das erste Licht über das Wolkenmeer scheint. Das ist magisch. Dennoch sollte man die Straße vom Poiso-Pass lieber nur bei Tageslicht befahren, im Dunkeln kann man die Ziegen nämlich leicht übersehen, die auch in den Bergen unterwegs sind. Unterhalb des Gipfels liegt ein großes Café mit Andenkenladen, hier gibt es die Wollmützen mit Ohrenklappen, die auf einmal überaus nützlich erscheinen. Rechts davon führt ein Pfad an der Radarstation vorbei zum Miradouro do Juncal, wo man Richtung Osten schaut – der Sonne entgegen.

● Pico do Areeiro, Stichstraße vom Paso do Poiso an der ER103, Start am Parkplatz Estacionamento Pico Areeiro

Gut runterkommen

63 Die Seilbahn Rocha do Navio in Santana

In Santana gibt es viel Unerwartetes zu entdecken. Hinter der Kirche führt ein schöner Spazierweg zum Rocha do Navio, einem Aussichtspunkt, von dem aus eine Seilbahn in ein Naturschutzgebiet am Meer hinunterfährt. Man geht vorbei an blühenden Gärten, durch eine ruhige Straße, an der eine Levada plätschert, und gelangt zum Dorfrand. Hier hat man einen atemberaubenden Ausblick auf den Ozean und das Naturschutzgebiet Rocha do Navio. Es umfasst die Küste zwischen Ponta de São Jorge und Ponta do Clerigo und soll sowohl das Meer als auch die beiden Inseln vor der Küste samt Felsklippen als Orte biologischer Vielfalt und potenziellen Lebensraum der Mönchsrobbe bewahren. Die Seilbahn, die 1927 gebaut wurde, ist Teil der landwirtschaftlichen Infrastruktur – ein Hilfsmittel, um den Bauern den Zugang zu ihren Feldern unterhalb des Felsens zu erleichtern. Die Einwohner Madeiras bezeichnen den tiefgründigen, fruchtbaren Boden dort als Fajã; bis zu drei Ernten im Jahr ermöglicht der Landstreifen.

Seilbahnen zur Küste sind auf Madeira nicht ungewöhnlich und oft unglaublich steil. In diesem Fall schwebt man 5 bange Minuten durch eine fantastische Landschaft, die Fahrt ist schrecklich und schön zugleich. Die Felsen ragen senkrecht empor, an den Klippen brandet weiß das Wasser an, und man wünscht sich, dass die Hoffnung auf die Wiederkehr der Mönchsrobben in Erfüllung geht. Auf den kostbaren Böden gedeihen Bananenstauden und Weinreben. Doch am weiß getünchten Häuschen der Seilbahnstation kann es mitunter vorkommen, dass die Seilbahn nicht in Betrieb ist. Zwar heißt es, sie sei täglich geöffnet, aber es gibt eine lange Mittagspause und an manchen Tagen wird die Bahn gewartet. Dann schaut man eben von oben auf die Felder in schwindelerregender Tiefe und in die Landschaft der Nordküste bis hin zum Seepferdchen-Felsen an der Ostspitze. Außer der wahnsinnig schönen Aussicht bekommt man eine Gratisvorstellung davon, wie anstrengend die Bewirtschaftung der Fajãs ist.

● Teleférico da Rocha do Navio, Caminho da Rocha do Navio, 9230-116 Santana
● ÖPNV: Bus 103, Bus 138, Haltestelle Faias Santana

Blaues Wunder

64 Jacarandablüte an der Avenida Arriaga

Die Avenida Arriaga ist Funchals Prachtboulevard. Als Ende des 19. Jahrhunderts damit begonnen wurde, die Straßen und Parks im Zentrum neu anzulegen, bepflanzte man sie mit zahlreichen Bäumen, darunter Akazien, Kampfer- und Korallenbäume. Für die zentrale Achse der Stadt wählte man die besonders prächtigen Jacarandabäume, die blau blühen, in der Lieblingsfarbe der Romantik. Es ist ein Geschenk, die Avenida Arriaga im Frühling zu erleben. Noch sind die Blätter nicht ausgetrieben, da erscheinen an den Zweigen schon ganze Büschel glockenförmiger Blüten, deren Blauviolett die Welt verzaubert. Ursprünglich stammt der Baum aus dem tropischen Amerika, von Mexiko bis Brasilien, wird jedoch inzwischen rund um die Welt als Schmuckgehölz verwendet. Von Ende März bis Anfang Mai stehen die Jacarandas in voller Blüte. Dann wird die Avenida mit ihren repräsentativen Gebäuden in ein märchenhaft blaues Gewand gehüllt.

Natürlich lädt der Boulevard zwischen der Kathedrale Sé und dem Kreisel Rotunda do Infante das ganze Jahr über zum Bummeln ein, mit Straßencafés und schattigen Bänken. Der Fußweg ist in ganzer Breite mit schwarz-weißer Calçada portuguesa gepflastert. Oft spielen Straßenmusiker oder es wird gefeiert, die Atmosphäre ist immer festlich entspannt. Das kulturhistorisch wichtigste Gebäude der Avenida ist die Kathedrale, als Bischofssitz ist sie besonders reich ausgestattet. Während der Jacarandablüte wird die Wirkung der nuancenreichen dunklen Tuff- und Basaltsteine, die im 15. Jahrhundert von den Klippen des Cabo Girão hergebracht wurden, noch intensiver. Über der Kirche liegt dann ein fast überirdischer Schimmer. Unbedingt hineingehen und sich umschauen! Die Decke aus Zedernholz hat ein maurisch inspiriertes Design, und in das Chorgestühl sind dekorative Details aus dem Inselalltag eingearbeitet: Die Putten tragen dort zum Beispiel Bananen oder einen Weinschlauch.

- Jacarandablüte rund um die Sé Catedral do Funchal, Avenida Arriaga, 9000-067 Funchal
- ÖPNV: Bus 01, Bus 02, Bus 04 u. a., Haltestelle Palácio São Lourenço

Die Welt ein Garten am Meer

65 Vom Lido zur Praia Formosa spazieren

In Sonnenlicht getaucht, umgeben von Palmlilien und wahren Bergen an Bougainvilleen schlendert man auf dem glänzenden Pflaster dahin. Die Promenade do Lido führt von der Badeanlage Lido entlang der Küste zum Naturstrand Praia Formosa am westlichen Ende Funchals und weiter nach Câmara de Lobos. Unter Palmen, mit dem Meer vor Augen, wird man in herrlichste Ferienlaune versetzt. In vielen Reiseführern heißt es, Madeira sei keine Insel für einen klassischen Badeurlaub: Das Schöne ist aber, dass man das Baden hier als Plus dazubekommt. In der Bucht von Funchal scheint fast immer die Sonne, der Atlantik ist glasklar, ohne Tang und Seegras. Und wer im Sommer in einem Bergsee schwimmt, wird sicher auch nicht vor dem Atlantik im Winter zurückschrecken. Inzwischen gelangt man zum Jardim Panoramico, einem neu angelegten öffentlichen Park mit vielen Spielgelegenheit für Kinder, die sich auf Gokarts und Trampolinen austoben können. Die Erwachsenen spielen Tennis oder genießen entspannt die Aussicht; hier gibt es viele Rückzugsorte in grünen Nischen.

Unterhalb liegt gleich neben dem eleganten Bootsverein Clube Naval do Funchal das farbenfroh in Blau und Gelb gestaltete Familienbad Ponta Gorda, mit Meerwasserpools und Zugang zum Atlantik. Eidechsen flitzen über den Weg, der der Küste Richtung Nordwesten folgt. Etwa einen Kilometer weiter gelangt man zum Naturpool-Freibad Doca do Cavacas, dem neuesten Badekomplex, wo natürliche Lavabecken zum Schwimmen befestigt wurden. Hier gibt es auch ein fantastisches Fischrestaurant, und der Kieselstrand Praia Formosa ist über einen Tunnel erreichbar. Ein Bad im Atlantik ist inzwischen an vielen Stellen der Insel möglich. Wer ein geringes Eintrittsgeld nicht scheut, findet in den Badeanlagen komfortable Duschen, Bars, Umkleidemöglichkeiten und Sonnenschirme, dazu kommt Meeresrauschen und nicht zuletzt ein herrlicher Sonnenuntergang über dem Meer.

TIPP
Die Promenade ist eine beglückende Joggingstrecke; Fahrräder und andere Rollgeräte sind nicht erlaubt.

- Praia Formosa, 9000-247 Funchal, über Promenade do Lido
- ÖPNV: Bus 01, Bus 02, Bus 9, Bus 48, Bus 61, Haltestelle Estrada Monumental

Glück mit gläsernem Boden

66 Der Aussichtspunkt Guindaste bei Faial

Ob jemand schon mal die Miradouros auf Madeira gezählt hat, die offiziellen Aussichtspunkte zum Bewundern der Landschaft, die nichts kosten außer einem Stopp und ein paar Minuten Zeit? Es sind Hunderte, und immer noch kommen neue hinzu. Ein Musterbeispiel ist der Miradouro do Guindaste auf einer Landspitze nahe der Flussmündung des Ribeira do Faial. Sein besonderer Reiz liegt in Plattformen aus Glas, die über die Klippen hinausragen. Der Atlantik tost unmittelbar unter den Füßen, das macht Bauchkribbeln, und man fühlt sich der Bewegung und der Schönheit des Ozeans besonders nah. Hier oben hat man ein aufregendes Bild vor sich, das von Spannungen zwischen den Kräften der Natur, der üppigen Vegetation, den zerklüfteten Klippen entlang der Küste und dem kristallklaren Wasser gezeichnet ist. Die Landschaft an der Nordküste ist von atemberaubender Schönheit. Von hier aus kann man auch den Kieselstrand von Faial sehen und die besonderen geologischen Strukturen daneben, die prismenförmige Landspitze, die durch Lavaströme entstanden ist. Die Aussicht im Osten reicht vom monumentalen Felsen Penha d'Águia bis zur Ponta de São Lourenço am östlichen Ende der Insel. An Tagen mit sehr klarer Sicht sieht man im Nordosten sogar die Umrisse der Insel Porto Santo.

Doch viele freuen sich auch, wenn sie sich selbst sehen. Auf den gläsernen Böden entstehen Fotos über schwindelerregenden Abgründen, die dramatischer wirken, als die Aufnahmesituation ist. Arme ausgebreitet, lustige Gesichter, schnell, ehe die Sonne hinter einer Wolke verschwindet, und alle mal: „Cheese"! Und noch mal „Cheese", für alle Fälle. Es geht öfter trubelig zu auf der Plattform. Und dann, plötzlich, vielleicht mitten in einer Gruppe, spürt man ihn, diesen Pulsschlag der Insel. Die Wellen kommen und gehen, das Licht ändert sich, der Rhythmus des Lebens geht auf und ab. Dann brandet es an, das Glück.

- Miradouro do Guindaste, Estrada da Praia do Faial 20, 9230-052 Faial
- ÖPNV: Bus 56, Bus 103, Bus 158, Haltestelle Centro de Saúde Faial

Garten – Kunst – Vergnügen

67 Der Tropische Garten Monte Palace

Ein Tag im März: Regen scheint unvermeidlich, schwer hängen die Wolken über den Bergen. Ein optimaler Tag für den Jardim Tropical in Monte! Dort verleiht die Nässe dem tropischen Ambiente zusätzlichen Glanz. Steil geht es in die Gartenschlucht hinab, die selbst für madeirische Verhältnisse, nun ja, fantastisch ist. Ein uralter Olivenbaum grüßt vor einer riesigen Amphore, überall wachsen Orchideen, und man versteht: Hier geht es nicht um Leere, hier geht es um Superlative. Das abschüssige Gelände wird durch Terrassen gegliedert, man verharrt und schaut. Die Bäume sind großartig, doch kommen sie gegen die Kunstobjekte an, die die Wege säumen?

Der Weltensammler, der hier seine Schätze präsentiert, ist der Investor José Berardo. Er ist in Funchal in ärmlichen Verhältnissen aufgewachsen und hat einmal gesagt, er sei inspiriert von dem brasilianischen Landschaftsarchitekten Roberto Burle Marx, dessen Gärten als Landschaftslabore gelten. Auch in Monte wird in großem Stil experimentiert. Mit 70.000 Quadratmetern Fläche ist der Jardim Tropical etwa doppelt so groß wie der Botanische Garten von Funchal und beherbergt eine Pflanzenvielfalt, mit der exotische Gärten rund um den Äquator mühelos nachempfunden werden. Das Haus im Zentrum war einmal ein legendäres Luxushotel. Bereits Anfang des 20. Jahrhunderts besaß es einen ausgeprägten Spaßresort-Charakter, umgeben von einer putzigen Welt: Teiche zum Rudern, Wasserfälle, kleine Festungen, Pfauen und Becken für Koi-Karpfen, eine Art frühes Disneyland. Als José Berardo 1987 das Gelände übernahm, vergrößerte er die Sammlung noch einmal. Allein die 700 Baumfarne, die auf den steilen Hängen des Gartens gedeihen, sind beeindruckend. Doch weil der Garten so unglaublich vielfältig und raumgreifend ist, wirkt er auch ein wenig überwältigend. Wir konzentrieren uns daher auf die asiatischen Themengärten und ihre Glück bringenden Elemente. Rot und Gold leuchten mit dem üppigen Grün um die Wette, und wir staunen beglückt über die Vielfalt dieser Welt.

TIPP

Am Garteneingang im Greenhouse Coffee Roaster einen leckeren Snack genießen.

● Jardim Tropical Monte Palace, Largo da Fonte, Monte
www.montepalacemadeira.com
● ÖPNV: Bus 20, Bus 21, Bus 56, Bus 103, Bus 138, Haltestelle Largo Fonte

Lift zum Meer

68

Das Badegebiet Barreirinha in Funchal

Manchmal stimmt einfach alles: das Licht, die Aussicht, die Farbe des Meeres. Unterhalb der Festung São Tiago liegt die Praia de São Tiago, im Volksmund Praia dos Pescadores genannt, „Strand der Fischer“, ein öffentlicher Kiesstrand für den schnellen Sprung ins kühle Nass. Dahinter wartet schon der pfefferminzfarbene Aufzug zum Schwimmbad Barreirinha. Der Aufzug, die Badeanlage und die Badenden sehen aus wie in einem Film von Wes Anderson – stark, diese Farben! Mit dem Lift ins Schwimmbad fahren ist eine Option für alle, die es gemütlich haben wollen. Der Complexo Balnear da Barreirinha kostet Eintritt, bietet dafür aber Badespaß mit Komfort, mit Sonnenliegen und Duschen, Umkleiden, Schließfächern und einer Bar.
Aber warum nicht auf die Schnelle auch ein Bad am wilden Strand der Fischer wagen? Hier im östlichen Bereich der Bucht, weit von den noblen Hotels entfernt, wirkt Funchal weniger touristisch, weniger traditionsbewusst und total entspannt. Morgens steuern die Bewohner der umliegenden Appartements auf die Plateaus der wilden Badestelle zu, mit Handtuch und Flipflops, eine Runde Schwimmen als Start in den Tag. Ja, die Felsen sind schroff, aber es gibt Einstiegsmöglichkeiten über Leitern. Und wo kann man schöner in den Wellen treiben als mit Blick auf die Festung und die schwarzen Felsen der Bucht? Früher galt der Ort hier als Hinterhof des Vergnügens, heute ist er megacool.
Cool ist auch die Barreirinha-Bar unter Platanen bei der Socorro-Kirche. An den Tischen sitzen von morgens bis nachts junge Leute, die sich mit Bier, Kaffee und Snacks stärken. Es gibt Burger, Toasts, Salate, wunderbare Cocktails. Und aromatische Craftbiere von der Insel wie Coral oder Stout, aber auch aus der eigenen Brauerei wie Socorro N.1 – man kann eine Auswahl probieren, ehe man zum Bekannten übergeht. Abends gibt es hier gute Musik, DJs legen auf, der Atlantik rauscht. Vielleicht noch mal schwimmen gehen? Oder durch die Altstadt bummeln, die Nacht fängt ja gerade erst an.

● Complexo Balnear da Barreirinha, Rua de Santa Maria 281, 9060-197 Funchal
● ÖPNV: Bus 40, Bus 82, Haltestelle Forca

Sammeln ist alles

69 Das Hausmuseum Frederico de Freitas

Hinter dem Stadtgarten, an der Kirche von São Pedro vorbei und die Straße zum Santa-Clara-Kloster hinauf liegt die einst aristokratische Oberstadt von Funchal, geheimnisumwittert und malerisch. Ein Gebäude ganz in Rosa sticht auf der linken Seite heraus, wenn man nach oben spaziert. Wer sich von romantischen Settings angezogen fühlt, findet hier eine Traumwelt des Dekorierens, die wunderbar und fremdartig zugleich ist. Der Anwalt und Notar Frederico de Freitas bezog 1941 diese ehemalige Residenz des Grafen Calçada und füllte sie im Laufe von vier Jahrzehnten mit einer unglaublichen Sammlung der bürgerlichen Wohnkultur Madeiras. Seine Sammlung schenkte er der Regionalregierung.

Das Hausmuseum wurde 1988 eröffnet und ist seither ein magischer Ort, an dem man sich ins 19. Jahrhundert hineinversetzen kann und einiges über das gesellschaftliche Leben der Insel erfährt. Doch Vorsicht: Der Zeitsprung kann verwirren. Der Anwalt lebte im 20. Jahrhundert, war ein Mann des Pragmatismus und der Moderne, universell denkend und wirtschaftlich erfolgreich, aber er liebte nostalgische Objekte. Mittelalterliches und Romantisches, Heiligenfiguren und exotische Möbel, Gläser und Krüge, Silber, Elfenbein und Azulejos, denen ein eigenes Ausstellungsgebäude gewidmet ist – das alles wirkt dekorativ und ein wenig gespenstisch. Die Tische im Haus sind gedeckt, in den Vasen stehen frische Blumen und es scheint, als könne jeden Moment ein Bewohner eintreten. Besonders um die Weihnachtszeit wird das Haus lebendig; dann winden sich Blumen und Früchte um die Bilderrahmen, und die Bucht von Funchal ist als Miniatur mit Segelschiffen und Bergen zu bewundern wie bei uns vielleicht eine Modelleisenbahn. Ein Ort zum Träumen und Sich-Verlieren! Zum Abschluss gelangt man in den Garten. Eine kunstvolle Fortsetzung der Welt in Rosa: Die Pflanzen haben Blätter in Magentarot, orange leuchten Korallenblumen. Auch hier dominieren exzentrische Sammlerstücke. Und der Kirchturm von São Pedro wacht darüber.

- Casa Museu Frederico de Freitas, Calçada de Santa Clara 7, 9000-036 Funchal, Tel. +351 (291) 20 25 70, www.cultura.madeira.gov.pt
- ÖPNV: Bus 01, Bus 02, Bus 04 u. a., Haltestelle Palácio São Lourenço

Magie der anderen Seite

70 Wanderung vom Pico Ruivo ins Nonnental

Der Pico Ruivo ist einfach zu besteigen, rauf und wieder runter zum Wanderparkplatz Achada do Teixeira, da herrscht manchmal Andrang wie in der U-Bahn. Auf der Südseite ist man dagegen so gut wie allein, nicht ganz ohne Grund: Die Wanderung über die andere Seite des Pico Ruivo nach Curral das Freiras – zu Deutsch das Nonnental – dauert gute 5 Stunden, und man muss sich um seine Abholung kümmern, denn Zurückwandern ist undenkbar. Mit etwas Planung lässt sich das machen, und der Weg ist unheimlich schön. Von der Spitze des Pico Ruivo kommend, gelangt man zu einer Abzweigung in Richtung Boca das Torrinhas und Encumeada. Ab hier läuft man etwa 350 Höhenmeter in Serpentinen bergab; der Pfad ist gut befestigt und gemütlich. Immer wieder faszinieren Formationen aus Basalt und bizarre weiße Baumgerippe, die von einem Baumheidewald übrig blieben, nachdem die Gipfelregion 2010 von einem Brand heimgesucht wurde. Die abgestorbenen Stämme gehen mit den Felsen magische Verbindungen ein, zum Glück sieht man dazwischen aber auch junge Heide sprießen.

Diese Landschaft ist einmalig, ein Symbol für Werden und Vergehen. Entspannt läuft man immer an der Kante um den halben Talkessel des Nonnentals herum, auf und ab, ohne an Höhe zu verlieren. Wenn man sich fragt, wann der Abstieg endlich beginnt, hat man noch den halben Weg vor sich. Nach etwa 4 Stunden Gehzeit erreicht man einen Rastplatz, von dem der Pfad sich treppauf, treppab steil um den Felsen windet. Einmal ist auch ein kleiner Tunnel zu durchqueren, man gelangt an die Nordseite des Bergkamms und wieder an die Südseite. Nun ist die Boca das Torrinhas auf 1426 Metern Höhe erreicht, und der steile Abstieg beginnt. Erst geht es über Bergwiesen und dann durch einen endlosen Eukalyptuswald, der anscheinend verzaubert ist – sobald man meint, man sei ihm entkommen, geht er wieder von Neuem los. Doch irgendwann hört man Wasser rauschen, eine Levada beginnt, und bald sind die ersten Streuobstwiesen und Felder der Fajã dos Cardos im Nonnental erreicht.

● Curral das Freiras über Wanderweg PR1.3, Start am Parkplatz Achada do Teixeira am Mountain Spot Café, 9230-097 Santana

Encumeada
7,3 Km
PR
13

Lorbeer für alle

71 Wanderung durch den Wald von Rabaçal

Rings um das Tal des Flusses Ribeira da Janela, zwischen den 25 Quellen und dem Forsthaus Rabaçal, liegt ein Wald, der auf der touristischen Karte Madeiras auch Märchenwald genannt wird. Es gehört nicht viel Fantasie dazu, hier Elfen in den Farnen zu sehen, Riesen in den alten Bäumen und bemooste knorrige Äste zu finden, die wie Gnome aussehen. Ein Abstecher führt auf dem Wanderweg PR6 von den 25 Quellen an der Levada do Risco zu einem Aussichtspunkt auf den Wasserfall Cascata do Risco, der über 100 Meter herabrauscht. Das Geräusch des Wasserfalls, das Plätschern in den Levadas und Bächen und das Tropfen des Wassers von den Bäumen wirkt unglaublich wohltuend und beruhigend. Im Gebiet um Rabaçal liegen sogar mehrere Levada-Ebenen übereinander.

TIPP

Das Nature Spot Café im Forsthaus bietet Leckereien mit Blick auf das tiefgrüne bewaldete Tal.

Unsere Aufmerksamkeit gilt dem Lorbeerwald, dessen dichtes Grün uns umgibt. Einst bedeckte diese Vegetation die steilen Hänge von Madeira beinahe vollständig. Heute wird der Laurisilva als UNESCO-Weltnaturerbe streng geschützt. Auf einer Höhe von 300 bis 1300 Metern auf der Nordseite und von 700 bis 1200 Metern auf der Südseite der Berge gedeihen vier auf Madeira heimische Lorbeerarten, darunter Azoren-Lorbeer, Madeira-Lorbeer und Stinklorbeer, dazu Madeira-Mahagoni, Kräuter und Farne. Im besonders wasserreichen Gebiet um Rabaçal ist so ein ganz besonderer Wald entstanden, in dem auch Flechten, Moose, Baumheide und Strauchheidelbeeren eine Rolle spielen. Der Lorbeerwald ist das Hauptgebiet für die Wassergewinnung auf Madeira. Die Blätter leiten das kondensierte Wasser des Nebels in den Boden, und zwar dreimal so viel, wie durch Regenwasser in den Boden gelangt. Unweit des Forsthauses liegt der Eingang in einen Tunnel, der unter der Straße entlang auf die Südseite der Insel führt. Früher kamen die Touristen aus Calheta durch diesen Tunnel in den Märchenwald, der bereits im letzten Jahrhundert ein Ort des Staunens war.

● Lorbeerwald von Rabaçal, Wanderwege PR6 oder PR13, Zugang mit Shuttlebus oder zu Fuß von mehreren Wanderparkplätzen an der ER110

Sieg für Moby Dick

72 Der Walfängerort Caniçal

Ach ja, die Wale. Könnten wir doch bloß die Zeit zurückdrehen … Dann würden wir sie nicht mehr so erbarmungslos jagen, um Öllampen mit ihrem Tran zum Leuchten zu bringen. Kaum vorstellbar, dass diese liebenswerten Meeressäuger mit ihren mystischen Gesängen einmal als Ungeheuer galten! Im Hafen von Caniçal kann man die Rampe noch sehen, auf der die riesigen Tiere an Land gezogen wurden. Der kleine Ort war einmal das Zentrum des Walfangs und der walverarbeitenden Industrie auf Madeira. Denn die Insel lag auf der Wanderoute der Wale, und Walfang brachte dem einst abgelegenen, nur per Boot oder auf Bergwegen erreichbaren Caniçal ein wenig Wohlstand.

Die abgelegene, trockene Gegend im äußersten Osten Madeiras war für Landwirtschaft ungeeignet, bis ein Aquädukt von Machico nach Caniçal gebaut wurde und die Bewässerung der Böden ermöglichte. In den 1960er-Jahren sorgte zudem der Bau eines Straßentunnels für eine bessere Anbindung der Gemeinde. Caniçal ist heute ein beliebter Ausgangspunkt für die Wanderung zur Ponta de São Lourenço. Seit der Hafen in Funchal ausschließlich für Kreuzfahrtschiffe und Passagierverkehr genutzt wird, läuft der gesamte Warenverkehr über den hiesigen Hafen. Was für ein Glück, dass der Walfang 1981 gestoppt wurde, gerade noch rechtzeitig! Ein einzigartiges Walmuseum wurde im Bürogebäude der Walfänger eröffnet und zog 2011 in ein neues, supermodernes Gebäude um. Hier erfährt man viel über die Lebensweise und das Verhalten der Wale und lauscht, geführt von einem Audioguide, den Buckelwalstimmen, die in der Antike als Gesang der Sirenen wahrgenommen wurden. Heute empfinden wir Empathie, wenn wir die Stimmen der Meeressäuger hören. Das Museum in Caniçal ist ein Ort des Widerstandes gegen die Ausbeutung der Meere. Was für ein Glück es doch ist, dass wir noch Wale vor Madeira sichten können.

● Caniçal mit Museu da Baleia da Madeira, Rua Garcia Moniz 1, 9200-031 Caniçal
www.museudabaleia.org

Im Spiel der Wellen

73 Die Lava-Schwimmbecken in Porto Moniz

Hier weht oft ein starker Wind. Die feuergeformte Landschaft und die Wogen des Atlantiks geben eine Ahnung von den Kräften der Natur. Im äußersten Nordwesten Madeiras liegt Porto Moniz, umgeben von schroffen braunschwarzen Lavafelsen, die die Küstenlinie prägen. Karg ist es hier, die Region hat die geringste Bevölkerungsdichte auf Madeira und eine arbeitsintensive Landwirtschaft in sehr steilen Lagen, wo vor allem Wein angebaut wird.

Doch der Ort hat aus seinem speziellen Charme eine Attraktion gemacht: Viele Tagesgäste kommen her, um einen Badestopp einzulegen und in den von Felsen umgebenen Naturpools zu schwimmen. Die Benutzung dieser Badewannen im Vulkangestein ist ein aufregendes Vergnügen. Unglaublich, wie viel Bewegung das An- und Abrollen der Wellen erzeugt, wie der weiße Schaum auf den schwarzen Felsen liegt und die Gischt fliegt! Manche bekommen schon vom Zuschauen Respekt vor der Wucht des Meeres. Dann einfach von oben den Blick schweifen lassen und durchatmen. In Porto Moniz ist man überzeugt: Der feine Nebel, der durch die Brandung und den Wind entsteht, wirkt gesundheitsfördernd, weil er das Immunsystem stärkt. Schon das einfache Einatmen der winzigen Salzwassertröpfchen kräftigt die Lunge, lindert Atemnot und verfeinert das Hautbild. Entzündungen klingen ab, die Luft wirkt wie ein Antidepressivum. Also, bloß keine Berührungsängste! Wer sich ins Wasser wagt, spürt: Im kristallklaren Atlantik zu schwimmen, jeden Schwimmzug bewusst wahrzunehmen weckt intensive Glücksgefühle. Der Trend heißt Wildschwimmen in natürlicher Umgebung. Nicht ganz so wild ist die Badeanlage neben den Naturpools. Hier zahlt man einen kleinen Eintritt und hat anschließend Duschen, Umkleiden, Liegen und Schattenplätze zur Verfügung, inklusive Schwimmbadkomfort im Atlantikwasser.

TIPP

Das Aquário da Madeira befindet sich in einer Festung – ein origineller Ort, um die Ozeanwelt zu erkunden.

● Piscinas Naturais de Porto Moniz, Praça Do Lyra Vila, 9270-053 Porto Moniz
www.portomoniz.pt

Zeitlose Eleganz

74 Teatime im Hotel Reid's Palace

Man mag Luxus dekadent finden oder überflüssig, doch wenn es zeitlich möglich ist, sollte man unbedingt versuchen, einen Platz beim Afternoon Tea im Fünfsternehotel Reid's Palace zu ergattern. Die berüchtigte Kleiderordnung ist inzwischen halb so schlimm, nur im Wanderoutfit sollte man vielleicht nicht erscheinen. Bei diesem Event geht es nicht nur um den traditionellen Tee mit Scones, sondern auch um den Zugang zum Garten. Alle Vorstellungen von artenreichen, prächtigen alten Gärten auf Madeira werden hier noch einmal getoppt. Nach dem Tee erkundet man auf romantischen Treppenwegen das gepflegte Grün, und das Herz schlägt höher angesichts von so viel Schönheit.

Das Reid's Palace ist eine Hotellegende, die den Tourismus auf der Insel seit seinen Anfängen prägt. Hier wurde die Marke Madeira als Blumeninsel erfunden, seit der Schotte William Reid, dessen Namen die Luxusherberge trägt, sich 1887 durch den Bau des Hotels einen Traum erfüllte. Auf einer felsigen Landzunge über dem Ozean schuf er einen Ort, der alle erdenklichen Annehmlichkeiten bot. In den 1930er-Jahren ging das Hotel in den Besitz der Familie Blandy über, die in Krisenzeiten einen exklusiven Ort für die englische High Society daraus machte. Das Hotel erlebte Höhen und Tiefen, doch der Garten gedieh, die exotischen Kapok- und Korallenbäume wuchsen in schwindelerregende Höhen und die botanische Sammlung wurde größer. Die Sträucher der Engelstrompeten sind so blütenreich, dass man den Himmel damit beliefern könnte. Man erlebt den Garten als einen Ort der Ruhe, der in den Nachmittagsstunden vom warmen Licht in Szene gesetzt wird. Der Blick über die Steilküste lässt an die sportlichen Frauen denken, die im Garten Tennis spielten und danach von der Felsklippe in die Wellen sprangen. Wagemut gehört hier dazu: Auf der Gästeliste des Hotels stand auch schon die Fliegerpionierin Amy Johnson. Das Reid's Palace ist zu Recht stolz auf seine Traditionen, und der Nachmittagstee auf der Terrasse zählt dazu.

- Belmond Reid's Palace, Estrada Monumental 139, 9000-098 Funchal, Tel. +3 51 (2 91) 71 71 71, www.belmond.com
- ÖPNV: Bus 01, Bus 02, Bus 04, Bus 9, Bus 48, Haltestelle Hotel Reid's

Feliz Natal

75 Landpartie mit Weihnachtskrippen

Auf Madeira, so scheint es, gibt es Glücksorte und Glücksstrecken, aber auch Glückszeiten, denn die Inselbewohner feiern gern – und, so paradox es klingen mag, mit großer Ernsthaftigkeit. Im Advent herrscht in den Pfarrkirchen eine feierliche Stimmung, während Funchal mit seiner Kathedrale sich in eine Weihnachtsstadt verwandelt. Rings um die Kirchen werden Märkte und Krippen, ganze Miniatur-Weihnachtswelten aufgebaut, eingebettet in einen unfassbaren Blütenzauber. Weihnachten ist hier ein Fest, das kindliche Freude und Promotion auf eigenartige Weise vereint. Kann es zu viel des Guten sein? *Não.* Auf keinen Fall. Beim Stichwort Reizüberflutung wird man nicht nur in Funchal, sondern überall auf Madeira fragend angeschaut. Die Lichter, die Blumen, die Dekorationen können nicht üppig genug ausfallen. Wenn gefeiert wird, dann bitte bunt! Diese unbeschwerte, heitere Vorfreude wirkt ansteckend.

Von den Avenidas im Zentrum von Funchal bis hinauf in die Hanglagen ziehen sich Lichterketten. Kein Baum ohne Lichterschmuck, keine Straße ohne Weihnachtsbeleuchtung, kein Platz ohne Weihnachtskrippe. Am besten ist es, man macht einfach mit, fährt zu den Kirchen auf dem Land und schaut sich die Krippen an. Besonders schöne mit lebensgroßen Figuren gibt es in Ribeira Brava, in Funchal dagegen Miniaturen im Museu Frederico de Freitas und eine flächendeckende Krippe vor dem Palácio de São Lourenço. Oder man lässt sich durch die Straßen treiben, um die verrücktesten der unzähligen Lichtdesigns zu entdecken. Die Glockenmotive rings um die Kathedrale Sé, der Madeira-Stickerei entnommen? Oder doch lieber Alpenromantik mit Schneemännern, Schlitten und Wintermotiven im Stadtpark? Das Herz geht einem auf, wenn man unter der strahlenden Sonne auf winterliche Hütten, Schneeimitationen und Tannenzweige trifft. Dann zeigt sich, dass jeder Ort mit unerfüllbaren Sehnsüchten lebt, und auf dieser warmen Insel sind das vielleicht weiße Weihnachten.

● Weihnachtskrippen, zum Beispiel im Zentrum von Funchal, Ribeira Brava, Câmara de Lobos oder Machico

Am Anfang war Fanal

76

Lorbeerriesen auf der Hochebene im Nordwesten

Allein schon ihr Alter beeindruckt: Die gewaltigen Lorbeerbäume stehen seit mehr als 500 Jahren auf der Hochebene von Fanal und sind Zeitzeugen der Besiedelung Madeiras. Man liebt und verehrt sie wegen ihrer magischen Ausstrahlung. Über und über mit Flechten bewachsen, gekrümmt und eigentümlich verdreht, wirken sie faszinierend und geheimnisvoll. Staunend betrachtet man ihre knorrigen Wuchsformen. Oft ist die Hochebene auch in Nebelschwaden gehüllt, sodass die Flechten schwer vor Feuchtigkeit von den Ästen hängen und den fantastischen Zauber noch verstärken. Man glaubt, an einem Ort zu sein, der Zugang zu geheimen Welten hat. Fanal gehört zur Gemeinde Porto Moniz und ist innerhalb des Naturparks Madeira als Ruhe- und Erholungsgebiet ausgewiesen. Hier, zwischen dem Quellgebiet des Ribeira da Janela und dem Nordrand der Hochebene Paúl da Serra, ist der ursprüngliche Charakter Madeiras gut zu erahnen – so muss es hier ausgesehen haben, bevor die Portugiesen im 15. Jahrhundert die Insel besiedelten und die Baumbestände rodeten. Der Stinkende Lorbeer *(Ocotea foetens)* benötigt viel Feuchtigkeit und gilt als die wüchsigste der hiesigen Lorbeerarten, die Bäume können 40 Meter hoch werden. Heute stehen alle Exemplare auf der Insel unter Naturschutz.

Zwei offizielle kleine Wanderwege führen vom Posto Florestal do Fanal an der ER209 zu den Baumriesen: PR13 (Vereda do Fanal) und PR14 (Levada dos Cedros). Wer das Urwalderlebnis richtig auskosten will, wandert die längere Strecke auf der Vereda da Cavaca. Sie beginnt am Weiler Chão da Ribeira oberhalb von Seixal und führt bergan durch wunderschöne immergrüne Vegetation mit Baumheide, Maiglöckchenbäumen und Lorbeer. Der Waldweg erreicht eine grasbewachsene Lichtung, wo die prächtigen Lorbeerbäume wie lebende Skulpturen stehen. Mit ihren bizarren Wuchsformen erinnern sie daran, dass man der Last der Zeit widerstehen kann.

- Wanderung im Lorbeerwald Fanal, zum Beispiel über Wanderweg PR13 (Vereda do Fanal), Start am Posto Florestal do Fanal an der ER209

Regenbogen haschen

77 Wandern in den Bergen um Curral das Freiras

Die Landschaft Madeiras rund um den Talkessel des Nonnentals ist so schön, dass man vor Glück die Luft anhalten möchte. Eine beliebte Wanderroute führt den steilen Bergpfad PR12 an der Südseite des Tals nach Curral das Freiras hinab und bietet atemberaubende Ausblicke. Die Wanderung beginnt am Aussichtspunkt Boca da Corrida und führt meist bergab nach Fajã Escura, einem nördlichen Seitental von Curral das Freiras. Am Gebirgskamm Boca do Cerro, wo der Weg auf der Westseite auf den Verbindungsweg zum Encumeada-Pass stößt, folgt man dem Wegweiser in Richtung Curral das Freiras. Man hat den zerklüfteten Pico Grande im Blick und sieht die majestätische Linie des Zentralgebirges aus immer neuen Perspektiven. Im Juli und August ist das Wetter oft stabil, aber in den übrigen Monaten ziehen häufig Wolken ins Tal hinein und die Sicht ändert sich ständig. Auch mit Regenschauern ist zu rechnen, die allerdings eher punktuell auftreten und schnell vorbei sind. Irgendwo leuchtet immer ein Regenbogen! Bei aller Freude am Schauen sollte man hier auf den Weg achten. Er ist steil, eng und führt über Felsenstufen, ist jedoch überwiegend gut gesichert, häufig mit Stahlseilen. Unbedingt feste Schuhe tragen! Im Frühjahr und Herbst ist der Himmel nie ganz wolkenlos, doch die mystische, nebelverhangene Stimmung entschädigt für entgangene Ausblicke. Beim Fotografieren von stimmungsvollen Bildern sollte man immer auf sicheren Stand achten. Die Wege sind zwar gut ausgebaut, können aber rutschig sein. Dann ist der steilste Teil der Wanderung geschafft, und es geht noch etwa 400 Höhenmeter auf Serpentinen bergab. Die raue Felslandschaft verwandelt sich erst in Eukalyptuswald, dann in Kastanienwald und am Ende in terrassierte Felder. Und dann steht man auch schon vor der Bar O Lagar Antiguidades, wo ein Feuer im Steinofen brennt und köstliche Spieße brutzeln.

● Wanderung nach Curral das Freiras, Start ab Miradouro Boca da Corrida, Estreito da Corrida, Estreito de Câmara de Lobos

Balsam für die Seele

78 Die Quinta da Penha de França in Funchal

Man sollte sie nicht übersehen, die Kapelle aus dem 17. Jahrhundert, die wesentlich zum Reiz dieses Altstadtviertels in der Nähe des Hafens beiträgt. Seinerzeit jenseits der Stadtgrenze gelegen, wurde die Capela da Penha de França zum Wallfahrtsort für Pilger, die auch über Nacht blieben; später verbrachten die Bischöfe von Funchal den Sommer hier. Heute wird der historische Ort von modernen Hotelanlagen bedrängt, behauptet sich jedoch tapfer dank seiner Schönheit. Schön ist auch die kuschelige Quinta da Penha de França, die sich in einem romantischen Garten hinter Mauern versteckt. Unter den alten Bäumen kann man Stunden mit Tagträumen verbringen, die Frühstückstische sind von Bougainvilleen gerahmt und ein Gartentor führt hinaus auf die Gasse, wo unterhalb der Quinta der funktionale Hotelriegel Penha de França Mar mit Pool, Tauchschule und Zugang zum Atlantik liegt. Ein kurzer Weg über eine Brücke mit Lift verbindet die beiden Häuser. Wer romantischen Charme mag, hat hier alles Glück beisammen. Frühstück im Morgenlicht mit Blick auf den Atlantik, Badevergnügen, die Avenida do Mar fußläufig und ein freundlicher Service in der Rezeption. Hier kann man, falls man den Garten am Meer doch einmal verlassen möchte, Exkursionen und Wandertouren buchen. Gleich nebenan in der Hafenzone befindet sich eine Kuriosität: das winzige Fürstentum Pontinha, das der Künstler Renato Barros 2007 zum souveränen Staat erklärte, nachdem er den etwa 200 Quadratmeter großen Felsen für 25.000 Euro von den Erben der Familie Blandy erworben hatte. Er berief sich dabei auf königlich garantierte Hoheitsrechte aus der Kreuzritterzeit. Man entdeckt zwei Sonnenschirme, ein Windrad und Solarzellen auf einer Plattform, es wächst weiter nichts als ein dürrer Baum, aber es gibt eigene Hoheitszeichen: ein Wappen und eine Fahne mit weißem Kreuz auf rotem Grund und diagonalen weißen Linien. Das Kunstprojekt kann man ohne Visum besuchen. Oder man bleibt im Garten der Quinta und schaut einfach rüber.

- Hotel Quinta da Penha de França, Rua Imperatriz Dona Amélia 85, 9000-018 Funchal, Tel. +351 (291) 204650 www.penhafrancahotels.com
- ÖPNV: Bus 01, Bus 02, Bus 3 u. a., Haltestelle Hotel Savoy

Im Hortensienmeer

79 Ein Ausflug nach Santo António da Serra

Bevor der Golfplatz Touristen nach Santo António da Serra zog, war das Dorf am Rand der Berge die Sommerfrische der britischen Weinhändlerfamilie Blandy. Der kühle Wind bringt hier feuchte Luft vom Atlantik heran, sodass die pflanzenverrückten Engländer ideale Bedingungen vorfanden, um Gewächse aus den Monsungebieten Asiens einzuführen. Sie setzten Himalaya-Zedern, Tibet-Zypressen, Rhododendren, Azaleen und Hunderte Kamelien in die rötliche Erde rund um ihre Quinta. Der exotische Park ist prächtig gediehen. Im Winter stehen die Kamelien in voller Blüte, im Frühjahr die Rhododendren, doch der Sommer gehört den Hortensien. Sie breiten sich im Halbschatten der Baumgiganten entlang der Wege aus und wirken wie eine Fortsetzung des Ozeans mit anderen Mitteln. Die wasserliebenden Blaublütler stammen ursprünglich aus China, wie viele der Bäume ringsum. Auch wenn Tiergehege, Spielwiesen, Picknickplätze und Minigolfanlagen Attraktionen für Familien und Schulklassen darstellen, ist der Park ein ruhiger Ort. Der Aussichtspunkt Miradouro dos Ingleses am nordöstlichen Rand eröffnet einen überraschenden Weitblick bis zum Meer.

Das historische Anwesen war eine Zeit lang die Ferienresidenz des Regionalpräsidenten und wird daher auch Quinta da Junta genannt. Es liegt an der Hauptstraße im Ortskern und ist nicht ganz leicht zu finden – es gibt keinen Wegweiser, keinen Hinweis, dafür aber auch kein Kassenhäuschen. Das Tor ist meist halb geöffnet, der Eintritt frei, der Park ein Glücksort für alle. Die alten Bäume aus der Anfangszeit der Quinta haben fantastische Wuchsformen. Ihre Stämme sind von Flechten überzogen und tragen schwer an wuchtigen Kronen. Manche haben ihr Leben bereits hinter sich und liegen als Baumskulpturen am Boden. Alles sieht ein wenig verfallen aus, der runde Brunnen führt kein Wasser, der Buchs ist kahl, die Bäume zeigen ihre Narben. Und dennoch spürt man gerade hier das Glück, als Mitgefühl und Zugehörigkeit, und den Trost der Bäume.

TIPP

Wer am Wochenende kommt, erlebt das Dorf lebendig und bunt mit einem Straßenmarkt rund um die Kirche.

- Park der Quinta da Junta (auch: Quinta do Santo da Serra), ER207 497, 9100-255 Santo António da Serra
- ÖPNV: Bus 77, Haltestelle Santo da Serra

Happy New Year!

80 Silvesterfeuerwerk über Funchal

Gigantisch wird es, das merkt man an den Vorbereitungen. Lichterketten flimmern in allen Straßen, über der Autobahn hängt eine Illumination mit der Flagge Madeiras. In den Parks am Hafen werden Partyzelte aufgestellt. Das Silvesterfeuerwerk ist bereits Tage zuvor Stadtgespräch: Wie wohl das Wetter wird, hoffentlich trocken. Kein Sturm, hoffentlich! Ungewöhnlich viele Schiffsbewegungen in der Bucht kündigen Großes an. Am Silvestertag selbst manövrieren Kreuzfahrtschiffe herum, bis alle ihren Platz auf Reede eingenommen haben, Kanonenboote bringen sich in Stellung, und vor dem Hafen wird eine Formation von Marineflößen als Schussrampen verankert.
An 50 außergewöhnlichen Stellen rund um die Bucht von Funchal steigt das traditionelle Silvesterfeuerwerk, von der Steilklippe des Cabo Girão im Westen bis zur Ponta do Garajau im Osten. Es beginnt mit Glockenschlägen. Punkt 0.00 Uhr geht es los, den Countdown spricht gefühlt die halbe Stadt mit. Die Madeirer lieben ihr Feuerwerk. Aus allen Orten der Insel kommen die Menschen zum Feiern nach Funchal, finden sich an den Miradouros und entlang der Straßen ein, feiern mit Musik und Essen aus dem Kofferraum ihre privaten Neujahrspartys. Den Jahreswechsel auf Madeira zu verbringen, berührt auf ganz eigene Weise. Das Licht der Feuerfontänen über der Bucht erinnert an gigantische Chrysanthemen. Farbverläufe verschmelzen und bringen den Himmel zum Glühen. Und laut muss es sein, unbedingt. Zum Finale setzt ein Trommelwirbel ein, dass einem Hören und Sehen vergeht, ehe die Lichter verglühen, die Feuerbälle erlöschen. In die Stille hinein dröhnen die Schiffshörner der Kreuzfahrtschiffe im tiefsten Basston. Hallo, neues Jahr! Hallo, Neustart, hallo, Glück, möge alles gut werden. Mögen die bösen Geister vertrieben sein! Die Spuren der Böllerei sind jedenfalls am frühen Neujahrsmorgen schon beseitigt, die Kanonenboote in ihre Marinas zurückgekehrt, die Flöße aus der Bucht geschleppt.

- Silvesterfeuerwerk, Hauptparty an der Avenida do Mar, Praça do Povo, Funchal
- ÖPNV: Bus 01, Bus 02, Bus 04 u. a., Haltestelle Palácio São Lourenço

Bibliografische Informationen der Deutschen Nationalbibliothek
Die Deutsche Nationalbibliothek verzeichnet diese Publikation in der Deutschen Nationalbibliografie; detaillierte bibliografische Daten sind im Internet über http://dnb.d-nb.de abrufbar.

© 2024 Droste Verlag GmbH, Düsseldorf
Konzeption/Satz: Droste Verlag, Düsseldorf
Einbandgestaltung und Illustrationen: Britta Rungwerth, Düsseldorf, unter Verwendung von Bildern von © Fotolia.com: jd – photodesign.de; © iStock: Plociennik Robert
Fotos: Klaus Memmert und Steffi Memmert-Lunau, außer: S. 127: Katrin Kalnins
Textlektorat: Mareike Ahlborn, Essen

MIX
Papier | Fördert gute Waldnutzung
FSC® C011279

Druck und Bindung: LUC GmbH, Greven
ISBN 978-3-7700-2469-8

www.droste-verlag.de